股权架构操作全案

股权合伙 · 融资实战 · 资本对赌 · 股权激励

豆大帷　席建鹏 / 著

中国经济出版社
CHINA ECONOMIC PUBLISHING HOUSE
北 京

图书在版编目（CIP）数据

股权架构操作全案：股权合伙・融资实战・资本对赌・股权激励／豆大帷，席建鹏著．—北京：中国经济出版社，2021.9

ISBN 978-7-5136-6580-3

Ⅰ.①股… Ⅱ.①豆… ②席… Ⅲ.①股权管理 Ⅳ.① F271.2

中国版本图书馆 CIP 数据核字（2021）第 166339 号

责任编辑 张梦初 陈宇慧
责任印制 巢新强
封面设计 卓义云天

出版发行 中国经济出版社
印 刷 者 北京艾普海德印刷有限公司
经 销 者 各地新华书店
开　　本 710mm×1000mm 1/16
印　　张 14.5
字　　数 200 千字
版　　次 2021 年 9 月第 1 版
印　　次 2021 年 9 月第 1 次
定　　价 68.00 元
广告经营许可证 京西工商广字第 8179 号

中国经济出版社 **网址** www.economyph.com **社址** 北京市东城区安定门外大街58号 **邮编** 100011

本版图书如存在印装质量问题，请与本社销售中心联系调换（联系电话：010-57512564）

前 言

当前，中国经济已经进入新常态，企业管理也需要迎合时代需求。在传统的雇佣制的管理模式中，老板孤军奋战，员工工作效率低下，人才的潜能无法得到充分释放。而基于股权的事业合伙人模式将资源进行了充分整合，建立了一套自我治理和持续激励的高效体系。

阿里巴巴、华为、小米等企业在发展的过程中都借助了股权的力量。股权激励不仅有助于吸引人才、留住人才、激发人才的潜能，而且可以使员工参与企业决策，更有归属感。不仅如此，股权作为企业最重要的资产，能够整合人、资金以及其他所需的资源，还能够将上下游环节整合在一起，实现企业的超常规发展。

无论处于何种发展阶段，企业发展战略的制定都离不开股权。对企业的管理者而言，认识股权的价值、合理运用股权，能够为企业的持续发展打下扎实的根基、为企业的快速成长提供不竭的动力。

将股权提升至战略高度进行管理，就是基于股权打造一种人、组织、环境高度匹配的自组织管理模式，在企业的运营中则具体体现为股权合伙、融资实战、估值对赌和股权激励四个板块。

股权合伙是股权在企业管理中非常重要的方面。如今，我们已经进入了合伙创业的时代。单打独斗经营企业已经不适应时代的发展趋势，而合伙创业必然涉及股权的分配问题。合理的股权分配，不仅有利于吸引优质的创业合伙人，也能为企业的发展奠定良好的基础。关于股权的分配，应该遵循两个基本的规则：其一，股权分配应该尽早落地；其二，股权分配应该具有长远眼光。也就是说，在创业初期，公司的股权就应该经协商进行合理的分配，而且进行股权分配时，应该预留部分股权用于引进新的合伙人。

股权在企业发展中另一个非常重要的方面是股权融资，即通过股权来扩张市场，进行兼并收购和产业整合，助力企业成长壮大。企业进行股权融资的方式主要有天使投资、VC融资和PE融资三种。由于市场竞争越来越激烈，能够更早获得融资的企业往往也更容易获得较高的市场占有率和明显的竞争优势。但是，需要注意的是，股权融资也有可能给企业的发展带来一定的风险，比如企业原有股东的控制权被稀释以及投资方加入造成的决策分歧等。

在企业与投资方签订融资协议的过程中，由于企业的发展存在一定的不确定性、双方之间的信息具有不对称性等，投融资双方可能需要签订对赌协议。从另一个角度来看，对赌协议的签订能够在一定程度上鞭策企业发展，促使企业达成对赌目标。企业在进行估值对赌的过程中，除了需要遵守相关的法律法规外，还应该注意企业的控制权问题。在对赌协议的谈判中，要坚持企业的控股地位。

除合伙创业、寻求融资等阶段外，在企业的日常运营过程中，股权也能够发挥重要的价值。根据相关的统计，在2006年至2020年期间，实施过股权激励的A股企业占比约为40%。未来，随着股权激励制度规则的放宽、注册制的全面推进以及国企改革的顺畅实施，实行股权激励的企业数量和规模都有望获得进一步提升。可以说，股权激励已经趋于常态化。作为一项较为长期的奖励机制，股权激励通过给予员工一定份额的股权或期权，调动员工的工作积极性，提升了企业的资产保值增值和综合效益，为企业的长期健康发展打下了坚实的根基。

不过，虽然股权在企业的运营管理以及成长壮大的过程中能够发挥出巨大的作用，但如果处理不当，也会在创业合伙人之间、企业与投资方以及与员工之间引发冲突，为企业的发展埋下隐患。

近几年，与股权相关的纠纷在企业中屡见不鲜。例如，创始人合伙创业，在企业具有一定的规模后，由于股权分配不平衡，创始人成员被迫出局；企业历经几轮融资后，虽然拥有了比较充足的资金支持，但创始团队的股权被严重稀释，丧失了对公司的控制权；由于股权分配不合理，对企业发展至关重要的高级管理层和核心技术人员纷纷出走，企业发展岌岌可危……

影响企业长远发展的原因很多，但在股权参与企业发展常态化的环境下，企业发展的诸多问题根源都是股权问题。科学高效的股权战略管理，能够在企业发展的过程中聚人聚财，实现企业价值的最大化。但股权是一把“双刃剑”，企业管理者必须将股权提升至战略高度去认识和运用。《股权架构操作全案：股权合伙·融资实战·资本对赌·股权激励》一书就立足于宏观层面对股权战略进行了剖析，并且将易于实操的股权管理落地。

目　录

第1章　股权合伙

1.1　股权架构：构筑公司治理的坚强基石

1.1.1　股权战略：创业“生死劫”

近年来，国家鼓励“大众创业、万众创新”。在国家政策的支持下，创业企业如雨后春笋般层现叠出，创业问题引起了广泛关注。对于创业企业来说，创业治理是一个关乎创业成败的重要问题，却经常被忽略。

在创业企业内部微观制度环境设计方面，企业治理制度设计是基础。只有内部治理的体制、机制设计得当，创业公司才有可能在激烈的市场竞争中存活下来。对创业失败的公司进行分析可以发现，导致创业失败的一个主要原因就是内部治理制度设计不合理，导致企业在创业期的表现不佳，创始人团队矛盾频出，最终分崩离析，导致创业失败。在创业公司内部治理制度设计方面，股权设计是一项重要内容。

◆创业公司的“生死劫”

股权架构、股权分配应该是创业合伙人最关心的问题，也是创业企业内部治理一个重要组成部分。因为股权架构设计与股权分配直接影响着企业的利益分配，是创业公司必须妥善解决的问题，下面我们以真功夫与海底捞为例，对两家

“最差股权结构”公司的不同命运进行详细探究。

【失败案例】真功夫：家族内讧背后的“股权之殇”

创立于1990年的真功夫曾一度是中国最大的中式快餐连锁品牌，在全国50多个城市拥有上千家门店。如果不是因为股权问题，真功夫的发展速度可能更快。

1990年，潘宇海在东莞创办了168蒸品店。随着生意越来越好，三年后，潘宇海邀请姐姐潘敏峰与姐夫蔡达标入股，其中潘宇海持股50%，潘敏峰与蔡达标各持股25%。之后，168蒸品店更名为真功夫，开始向全国扩张，却保留了原有的股权结构。2006年，潘敏峰与蔡达标协议离婚，潘敏峰将自己持有的25%的股权转让给蔡达标。这样一来，真功夫的股权结构就变成了五五分，潘宇海与蔡达标各占50%。

2007年，真功夫为了上市，引入两家风险投资机构的资金。在蔡达标的主导下，真功夫开始进行内部改革，尝试“去家族化”，聘请专业的经理人代替部分家族管理人员。经理人由蔡达标授权，而家族管理人员大多是潘宇海的心腹。随着内部改革持续推进，潘宇海逐渐被架空，两人的矛盾变得异常激烈。为了反击，潘宇海一纸诉状将蔡达标告上法庭。最终，蔡达标因为挪用公司资产被捕，资本迅速退出，潘宇海重新掌控公司。

虽然在潘宇海的努力下，真功夫重新起航，但却错失了中式餐饮发展的黄金时期。股权之争结束后的几年，真功夫开店速度几乎为零，IPO也宣告失败。如果没有股权之争，真功夫想必是另一番发展景象，或许可以和麦当劳、肯德基平分天下。

【成功案例】海底捞：“铁腕夺权”成就餐饮巨头

1994年，张勇、舒萍、施永宏、李海燕四个好朋友在四川简阳开了一家小火锅店，舒萍、施永宏、李海燕三人出资8000元，四人各占25%的股份，这是海底捞的第一家店。后来，张勇、舒萍结为夫妻，施永宏、李海燕结为夫妻，两家各占50%的股份。创业初期，海底捞采取的就是家族企业的管理模式，股东既是老板也是员工，利润均分，共同承担亏损。这种股权结构过于简单，存在很多问题。

后来，海底捞不断发展，董事长兼总经理张勇认为其他三人已经跟不上企业发展节奏，果断地解除他们的所有职务，让他们只做股东，享受分红。2004年，舒萍和李海燕离开公司；2007年，施永宏离开公司。同时，张勇出资从施永宏夫妻手中购买了18%的股权，这样一来，张勇夫妇就持有海底捞68%的股权，成为绝对控股股东。

自此之后，张勇发挥出他在公司经营方面的天分，带领海底捞快速发展，并于2018年在香港上市。上市当天，海底捞的市值就达到了945亿港元。虽然施永宏夫妇转让出去18%的股权，但所拥有的股权的价值也达到了255亿港元，相较于2007年财富增值近100倍。

海底捞最初的股权结构也是五五分，但经过一番调整，张勇获得了绝对控制权，不仅带领海底捞成功上市，也让合伙人施永宏夫妇享受到了巨大的利益。

◆股权启示录：合伙创业必须考虑的三个问题

（1）没有最好的股权结构，但却有最坏的。随着创业公司因为股权结构设计不合理导致创业失败的案例越来越多，人们越来越关注企业的股权结构设计，想要找到一种最好的股权结构。关于“最好的股权结构”，可以从抽象与具象两个层面理解：从抽象层面看，没有一种股权结构是最好的；从具象层面看，每家企业都有适合自己的股权结构。也就是说，“最好的股权结构”要具体到企业来看，是股权、企业、时间三大因素共同作用的结果，处于动态发展之中。

（2）关系重要还是规则重要？大多数创业者联合创业都是因为一个“情”字，友情、同乡情、同学情等。在创业初期，“情”字可以解决很多矛盾与问题。但随着企业走上正轨，开始盈利，创业者可能因为利益抛弃最初的感情，相互伤害，甚至反目成仇。

在任何一家企业，股权争夺战都是最激烈、最引人关注的，对人性提出了极大的考验，而人性却是最经不起考验的。为了避免股权纠纷，稳定创业者团队，创业公司最好在创业初期就设计好股权结构，明确进入与退出规则，从源头上杜绝股权纠纷的发生。

（3）股权平均并不是股权公平。股权结构设计要兼顾效率与公平，需要注意的是，股权平均并不是股权公平。

股权公平需要从股东的角度进行考虑，尤其要从股东心理需求的角度进行考虑，指的是股东持有的股份比例与其为公司发展付出的时间、心血、金钱等相符。简单来说就是，股东为公司发展付出得越多，所持有的股份比例就应该越高。

效率要从公司运行及运行结果的角度进行考虑。股东将自己的财产、技能、时间等交给公司，失去了对这些事物的控制权，获得了一种虚拟的股权。股东同意这种交换的目的在于构建一个团体，获得最大化的利益。因此，从某种程度上讲，对于股东来说，在股权设置方面，效率比公平更重要。

1.1.2 企业股权架构的三种类型

对于初创企业来说，股权架构设计非常重要，会直接影响到企业的控制权。从本质上来看，股权架构设计的主要目的就是明确合伙人的权利、责任与利益分配，稳定公司发展，为企业后续融资提供方便。因此，股权架构设计是企业进入资本市场的必要条件。

从某种程度上看，企业股权架构设计反映的是创业企业生存、发展需要对接的各种资源，包括团队、技术、资本、渠道等。因此，初创企业在设计股权架构时要考虑企业发展所需的各种资源，对这些资源进行整合，让企业与利益相关主体实现共赢。

◆什么是股权架构

股权架构指的是在股份公司的总股本中，不同性质的股份所占比例，以及这些股份之间的关系。从广义上看，股权指的是股东在公司享有的各种权利；从狭义上看，股权就是股东所享有的获取公司经济利益、参与公司经营管理的权力。在公司的治理结构中，股权结构是基础，在一定程度上决定了企业的组织结构与治理结构，最终会对企业行为与绩效产生影响。

随着科学技术快速发展，再加上经济全球化的影响，股权结构中的资本、资源、技术、知识、市场、管理经验等所占比重会受到一定的影响。在新型企业的股权结构中，技术与知识所占比重不断增加，呈现出由“资本雇佣劳动”向“劳动雇佣资本”转变的趋势，人力资本可以以独特的身份享受经营成果。在科技的作用下，知识资本逐渐成为影响企业发展的重要资本。

最后，随着科学技术不断发展、生产方式不断改变，企业的股权结构可以变动。对于初创企业来说，设计一套适合企业、有利于企业发展的股权结构非常重要。

◆股权架构的类型

常见的股权架构有三种，如图1–1所示。

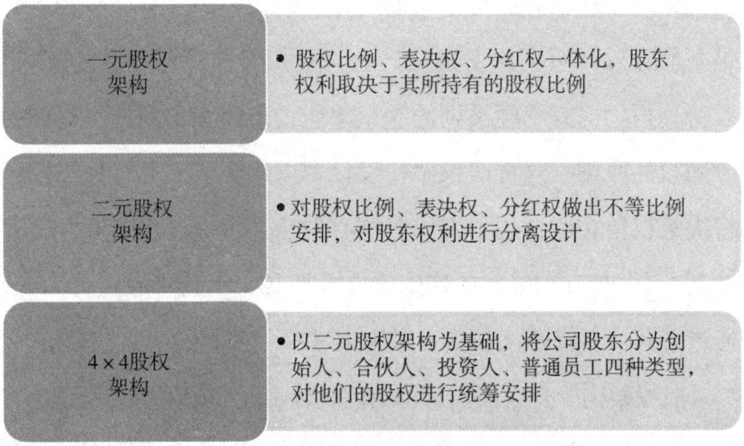

图1–1　三种常见的股权架构

（1）一元股权架构。一元股权架构指的是股权比例、表决权、分红权一体化，股东权利取决于其所持有的股权比例。在所有的股权架构类型中，这是最简单的一种，在使用过程中需要重点避免可能导致公司陷入僵局的几个问题。在实际执行过程中，一元股权架构存在几个表决权节点。

- 一方股东的出资比例超过33.4%。
- 只有两位股东，一方出资比例为51%，另一方出资比例为49%。
- 一方出资比例超过66.7%。
- 只有两位股东，出资比例均为50%。

在上述几种情况中，只有第三种情况不会导致僵局。一方出资比例超过66.7%，意味着其享有的表决权超过了2/3，对于任何表决事项都可以形成单方面决议，除非公司章程对表决人数做出了最低限制。第四种情况最容易导致僵局，出资比例相同，意味着两位股东享有同等的表决权，任何需要决议的事项都需要双方达成一致意见，只要有一方不同意，决议就无法达成。

（2）二元股权架构。二元股权架构指的是对股权比例、表决权、分红权做出不等比例安排，对股东权利进行分离设计。

我国最新修订的《公司法》规定，公司股权架构设计可以约定同股不同权。当然，在股份公司中只有不同类别的股东才能约定同股不同权，类别相同的股东要遵循同股同权的原则。这种股权架构设计可以让合伙人享有分红权，但不享有决策权，将决策权留在联合创始人或者核心创始人手中。在国外，这种股权架构应用比较广泛，例如Facebook在IPO时的招股书中明确将股权分为A股与B股，扎克伯格通过持有大量高表决权的B股牢牢掌握了公司的决策权。

（3）4×4股权架构。4×4股权架构指的是以二元股权架构为基础，将公司股东分为创始人、合伙人、投资人、普通员工四种类型，对他们的股权进行统筹安排。

其实，4×4是一个比喻，指的是汽车的四驱。如果将创业公司比作一辆汽车，创业就是赛道，创始人就是赛车手，创业活动就是一场比赛。无论什么样的赛车手，想要赢得比赛，必须拥有一辆四驱的车辆，保证车辆拥有足够的动力，只有这样才能克服艰难险阻。

4×4股权架构设计要遵循三大步骤，如图1–2所示。

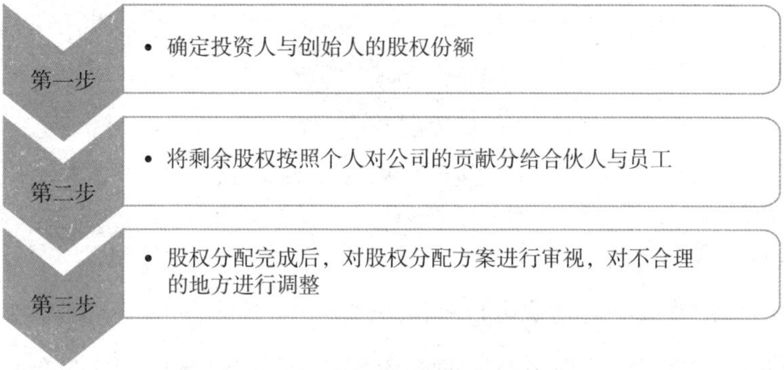

图1–2　4×4股权架构设计的三大步骤

需要注意的是，企业股权架构设计无法一蹴而就，需要根据企业发展不断调整。

1.1.3　股权架构设计的四大原则

真格基金创始人、著名天使投资人徐小平曾在一次演讲中提到，创业的基础有两个，一个是团队，另一个是股权结构。对一家公司而言，其股权结构在很大程度上决定了企业能否生存并成功。

股权架构设计的根本目的在于维护公司股东的利益。合理的股权结构需要既能保障创始人对公司的控制，又可以吸引人才、激励人才、留住人才。而且，公司的股权架构并非一成不变，可以在公司的发展过程中根据需要进行调整。但需要注意的是，为了适应公司的发展，股权架构设计不可随意为之，需要遵循四大原则，如图1–3所示。

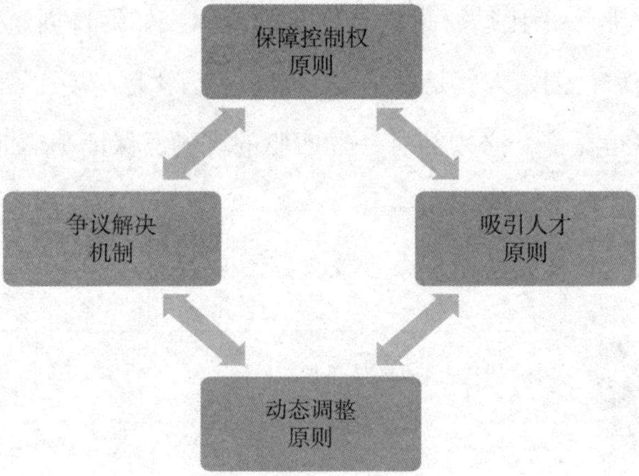

图 1–3　股权架构设计的四大原则

◆保障控制权原则

对国内外创业成功的企业进行分析可以得出一个基本结论，即企业中一般会有一个股东所占的股份比例较高，对企业拥有主要的控制权。这些企业之所以能够取得成功，与核心股东的贡献密不可分。

反观一些创业企业，往往采用均分的方式分配股权，例如以50%：50%的比例两人均分股权，或者以40%：30%：30%的比例三人分配股权。这样的股权分配方式非常不利于企业的长远发展。因为股权比例相当意味着股东的决策权相当，在有争议时会导致内耗，给企业带来致命的伤害。

实际上，在创业初期阶段，股权的占比对应的是责任的占比，为了更好地保障企业生存和发展，企业的核心股东应该拥有绝对的控制权，例如持股67%以上。如果持股比例不具有绝对优势，也可以通过叠加投票权杠杆、表决权委托等方式保障其对企业的控制权。而且，随着企业的发展，出于融资以及招揽人才等原因，核心股东的股权可能被稀释，影响其对企业的控制。

◆吸引人才原则

无论创业初期，还是发展过程中，企业都需要持续吸引优秀人才加入。尤其随着市场竞争日益激烈、产品的同质化加剧，只有吸引优秀人才，才能为企业输入新鲜血液，推动企业不断发展。通过分配股权的方式吸引人才是一种非常合理的方式。一方面，分配股权提高了人才的待遇，却没有增加企业开支，不会给企业带来比较大的成本压力；另一方面，分配股权可以增强人才的归属感，将个人利益同公司利益捆绑在一起。

但由于公司的股权总和是固定的，拆分股权往往会损害原有股东的利益，给企业带来潜在的风险。为了应对这种情况，可以在股权分配之初预留出一定的股权作为人才激励股，由核心大股东代持，在需要时再分配给新进人才。

◆动态调整原则

在组建创业团队时，其创始人员往往拥有不同的优势，例如为企业提供技术、资金、人脉等，为企业做出了不同的贡献，也获得了相应的企业股份。但是，随着企业经营与发展，企业需求可能发生一定的改变。如果在这种情况下，企业的股权架构仍然一成不变，则可能对企业发展产生不良影响。

例如，一家企业在创立之初共有4名股东——股东A、股东B、股东C和股东D。其中，股东A提供创始资金、股东B提供运营场地、股东C提供技术、股东D进行运营和管理，其所占的股权比例各为25%。但是，随着公司发展，经营规模不断扩大，公司固定资产不断增加，运营场地几经更换，企业采用的技术也更新换代，股东D仍然负责企业的主要运营工作，其他三位股东却难以为公司带来贡献。这时，原有的股权架构不再适用，甚至可能给企业带来致命风险。在类似的情形中，创始人应该事先在股东协议中约定动态调整机制，以维护公司的稳定和发展。

◆争议解决机制

企业运营过程中难免会遇到各种各样的问题，例如创业合伙人因为主观或客观的原因需要退出公司，那么，其所持的股权应该如何处理？

由于企业运营需要付出无法衡量的努力，尤其在创业初始阶段，企业运营更加艰难，企业合伙人应该获得相应的回报，在其离开公司时可以按照事先约定的情况处理其持有的股权。但在一些情况下，面对合伙人退出，公司股东可能产生比较大的分歧。因此，企业要预先设定一个合理的争议解决机制，更好地解决此类问题，将可能给公司造成的伤害降到最低。

1.1.4 股权架构设计需要注意的问题

对一家企业，尤其是初创型企业而言，合理设计公司的股权架构至关重要。首先，公司的股权不应该完全掌握在单个人手中。小米公司的总裁雷军认为，在进行互联网创业时，单人100%控制股权的情况下，公司很难走向成功。因为企业发展需要投资人、工程师、销售员等不同角色的参与，而只有合理分配股权，才能够激励大家共同努力。其次，公司的股权架构设计必须遵循一定的原则。股权设计体现了每个人的核心利益，合理的股权分配能够为企业引入更多投资，促进企业良性发展。

◆股权比例设计原则并非一成不变

对不同行业、采用不同商业模式的企业来说，其需要遵循的股权比例设计原则并非一成不变。例如，从商业模式驱动类型的角度看，股权分配需遵循的一般规律如表1–1所示。

表1–1 股权分配需遵循的一般规律

商业模式驱动类型	代表性行业	股权分配的一般规律
资源驱动型	政府垄断性行业，如水电气等	资源占大股、人力占小股
资金驱动型	私募股权基金	资金占大股、人力占小股
资源、资金共同驱动型	旅游业、有色金属等	资源、资金占大股，人力占小股
人才驱动型	互联网、技术等专业服务行业	人力占大股

（1）资源驱动型。以政府垄断性行业为代表，例如水电气行业，其股权分配一般为资源占大股、人力占小股。

（2）资金驱动型。以私募股权基金等为代表的行业，其股权分配一般为资金占大股、人力占小股。

（3）资源、资金共同驱动型。以旅游业、有色金属等行业为代表，其股权分配一般为资源、资金占大股，人力占小股。

（4）人才驱动型。以互联网、技术等专业服务行业为代表，其股权分配一般为人力占大股。

◆出资比例、持股比例可以不一致

出资比例，即各方在注册资本中所占的份额，一般用百分比表示。持股比例，即各方实际持股所占的份额。根据《公司法》的规定，持股比例一般根据出资比例计算。但是，股东协议等文件可以规定不同的计算方法。

在公司注册资本符合法定要求的前提下，公司出资比例以及持股比例的分配可以遵循股东自治原则。也就是说，出资比例与持股比例可以一致，也可以按照约定进行分配，不同的分配方式不会对公司资本以及公司债权担保等基本功能造成影响。但需要注意的是，出资比例、持股比例的执行不能违反法律和行政法规的规定，而且不能损害他人的利益。

企业的持股比例可以按照约定显示在章程或股东协议中，如果二者的记载不一致，应该视不同的情形进行处理。在企业对外的情况下，应该以章程的记录为准；而在股东之间，则应该以股东协议约定为准。

◆出资比例、分红权比例可以不一致

依据《公司法》的有关规定，公司股东可以按照实际出资比例获得分红权。当公司需要新增资本时，股东也有优先认缴出资的权力。但是，如果所有股东之间达成约定，也可以采取其他方式。

在企业运营实践中，可以依据不同的情况采取不同的应对方式。例如，对于技术驱动型的企业而言，通过资金入股的股东可能并不擅长技术开发或企业管理，可以适当调高其分红权、降低表决权，让技术型股东控制管理公司。

◆出资比例、表决权比例可以不一致

根据《公司法》的相关规定，股东可以按照出资比例行使表决权，但公司章程有不同规定的情况除外。

（1）出资比例与表决权可以不一致。股东的出资比例与表决权可以不一致，但是需要经过全体股东的共同约定，并写入公司章程。

（2）议事方式和表决程序可以自由约定。在不违反相关法律法规的前提下，股东大会的议事方式和表决程序可以自由约定。

（3）表决权份额可以约定。涉及公司的增减资金、合并分立解散、修改章程、变更公司形式等的表决权不可以自由约定，但表决权份额可以根据约定进行调整。

1.2 合伙机制：搭建创始团队的关键要点

1.2.1 业务知识与能力的耦合性

作为一种顶层的产权交易结构与治理机制，股权隐含着一种权利关系。具体来看，股权主要由身份权、财产权与公司治理权组成，股权架构的背后是合伙人交易机制，是创业团队的构建机制。在这个过程中，一个很重要的问题就是创始人应该如何组建合伙人队伍。

首先，创始人要明确一点，合伙人是长期的合作伙伴，与企业深度绑定，属于强关系合作。从某种程度上看，寻找合伙人就是与人建立一种事业婚姻关系，合伙人不仅有权分享企业发展的利益成果，而且享有公司的运营权、决策权。

其次，创始人要认识到一旦某人成为公司合伙人，就意味着他要在之后很长一段时间为公司发展全职投入。因为对于创业公司来说，公司价值是所有合伙人经过长期努力才能实现的。如果合伙人中途退出，就不能继续享受作为合伙人的权力，不能分享公司发展的利益成果。

经实践验证，创业合伙人的选择应该遵循一些重要原则，下面我们首先来分析第一个原则，即基于业务知识和能力的耦合性。

合伙人选择的第一个原则，就是合伙人之间的业务能力要互补，因为创业活动是一个团体活动，需要合伙人相互配合。在理想的情况下，每位合伙人都能够独当一面，各自负责一项工作，必要的情况下相互配合。创业初期，随着公司不断发展，业务越来越多，职能划分越来越细，例如产品创新管理、设计管理、投融资、供应链管理、营销运营等，这些职能需要划分到不同的合伙人身上，大家分工协作、相互配合。

因此，对于创业企业来说，合伙人的业务知识与能力可以互补是创业成功的重要保障。在企业初创阶段，分工合作的重要性无须多言。小米创始人雷军曾说过："在创业之初，70%的时间都在找人，找的是自己这个层面的合伙人。合伙人要互补，要不一样，甚至要成为自己的镜子，能跟自己最熟悉的东西互相挑战。"

在选定合伙人之后，可以根据企业的业务模块划分、预期的工作量、各项业务的重要性、预期投入等安排各个合伙人的工作职责。具体来看，企业合伙人可以划分为三种类型，分别是技术型合伙人、管理型合伙人和资源资金型合伙人。

下面以小米为例，对合伙人团队的组建进行分析。

小米在创业之初就组建了一支强大的合伙人队伍，创始人雷军负责总体管理，黎万强负责小米电子商务，周光平负责小米硬件与研发，林斌负责小米网和小米线下业务、小米之家，刘德负责小米工业设计与生态链业务，洪锋负责MIUI、多看阅读业务，王川负责小米电视和小米盒子业务，黄江吉负责小米路由器和云服务业务。

每个合伙人都是业内顶尖人才，都能够独当一面。在创业初期，雷军和林斌花费了大量时间与精力寻找各行业的优秀人才，并与目标人才持续交流对行业的看法、未来的机遇、人生理想等。雷军与林斌选拔合伙人有两大标准：一是能力互补，能够补足业务短板；二是价值观趋同，行为方式能够统一。这两个标准也就是组建合伙人队伍黄金法则中的前两个法则。随着符合要求的合伙人逐一进入，小米打造了一支战斗力极强的合伙人队伍。

在股权结构方面，雷军非常开放，从创业之初就开始推行全员持股计划，根据每个合伙人的投入与预期贡献为其分配了合理的股权，并不断吸引有梦想、有能力的年轻人加入合伙人团队，形成了小米特有的“水性组织”文化，在企业内部营造了一种人人都是经营者的氛围，这一点体现了小米在利益规则与激励机制方面的设计。

当然，小米与所有的创业公司一样，在企业发展壮大的过程中，其合伙人团队经受了种种考验。2016年，因为小米旗舰机在技术层面的表现差强人意，导致小米手机的销量大幅下降，在某段时间内小米供应链几乎处于瘫痪状态，整个公司受到了重大影响。面对这一挑战，雷军撤换了一直负责研发和供应链的周光平，亲自负责供应链，同时引入供应链方面的人才张峰，进一步完善了合伙人团队，帮助小米渡过了这一难关。

同年，小米开始发力线下销售渠道，打造了小米之家和小米小店。其中，小米之家致力于成为“科技版的无印良品杂货店”，希望成为时尚消费电子生活方式的引领者；小米小店则致力于借助全国小米粉丝的力量实现社会化分销，将粉丝转换为业务员，让销售活动遍布全国。随着商业模式不断进化，小米衍生出新的职能与业务分工。为了保证各项业务有序开展，小米引进了新的合伙人。由此可见，随着公司不断发展，小米的合伙人团队也在不断发展。在这个过程中，小米始终坚持三个黄金标尺，保证创始人团队的稳定性，助力创始人团队不断成长。

1.2.2　基于价值认同的信任关系

在选择合伙人方面，信任与价值认同的情感共鸣是一个较高层次的要求。合伙人只有拥有相近的人生观、价值观，才容易达成共识，在无形中化解很多矛盾，才能相互扶持，为企业发展长久地付出努力。

如果合伙人价值观不同，在交流过程中就会遇到隔阂与障碍，彼此无法理解。即便合伙人的业务能力都很强，但无法实现同频共振，无法将各自的优势充分发挥出来。例如，A合伙人性格开朗，乐观积极，非常健谈，而B合伙人非常封闭，遇事消极。面对同一个问题，两人总是产生截然不同的想法，长此以往矛盾越来越多，根本无法相互协作。

从根本上看，导致这种情况发生的主要原因在于合伙人的价值认同存在偏差，价值观重叠部分太少，很容易诱发矛盾，招致风险。为了避免这种情况发生，创始人可以经由熟人介绍选择合伙人，因为以熟人为媒介，彼此之间有一定的信任基础，更容易判断价值观是否一致，为之后的合作奠定良好的基础。

对于创业企业来说，组建一支有着共同价值观、彼此相互信任的合伙人团队非常重要，是创业成功的催化剂。只有同频共振的人在一起，才能达到1+1>2的效果。合伙人实现了价值认同，才能形成独特的企业文化，才能招聘到与企业价值观相同的员工，向着同一个目标共同努力。

如果合伙人无法实现价值认同，就无法形成企业文化。随着公司不断发展，规模越来越大，员工越来越多，如果没有统一的价值观维系，员工之间就会相互聚集形成小团队，导致企业人心涣散，无法长久发展。对于初创企业来说，创始团队应具备的价值观如表1-2所示。

表1-2　创始团队应具备的价值观

价值观	具体内涵
责任与贡献担当	作为创业公司的合伙人，必须具有较强的责任意识，积极承担自己的工作职责，主动承认别人的贡献，切忌自私小气

续表

价值观	具体内涵
风险承受能力	风险承受能力有两大含义：一是心理层面的风险承受能力，即要求合伙人面对困难主动寻求解决方案，保持积极乐观的态度，激发全体员工的士气；二是指合伙人实际拥有的资源与能力，要求合伙人具备较强的风险抵御能力，能够利用充足的资源与能力帮助企业渡过难关
热情	创业是一个长期事件，很难在短期内看到结果，因此合伙人必须有长期奋斗的心态，对所从事的事业充满热情，只有这样才能长期坚持下去
开放包容	在团队创业的过程中，合伙人必须具有开放包容的心态，愿意牺牲小我成就大我，能够与他人友好沟通，能够容忍分歧，鼓励每个人释放自己的才能，从而吸引更多优秀人才进入公司，共同做大做强，共享发展成果
创新精神	在当前的商业环境下，创业活动更像是一种创新活动，需要企业用新方法、新途径获得成功。在这个瞬息万变的时代，即便在一个领域深耕多年的人也不敢断言该领域未来会变成什么样子。对于创业公司来说，经验不是创业成功的秘诀，反而是导致创业失败的根源。因此，在选择合伙人时要注重创新精神，不要选择那些墨守成规、故步自封的人

一名优秀的创业合伙人至少要满足上述三点要求，创始人在选拔合伙人时可以作为参考。

在创业过程中，寻找合伙人是一个不断试错、不断磨合的过程。在寻找合伙人的过程中，创始人会发现原本以为合适的人经过一番沟通却与自己理想中的合伙人相去甚远，或者对某些事情的认知存在偏差，没有达到自己的预期。这些情况都非常普遍，创始人要对此保持清醒的认知，按照上述两个标尺不断地进行自我衡量，找到平衡，灵活把握。

1.2.3 利益和权力安排的公平性

联想集团创始人柳传志曾说过："一个企业最重要的三件事是，搭班子、定战略、带队伍。"这里的搭班子就是寻找合伙人，组建创业团队。为什么柳传志要将搭班子放在定战略之前呢？很多人对此不太理解。

因为按照传统的企业运营逻辑，都是先确定发展战略，然后再创建组织体系，最后安排人执行各种战略与方案。但成熟的企业家往往不这么想，一个企业的成功没有公式可循，它是由很多偶然因素促成的，不是有了充足的资金、合适的战略，就有优秀的团队将其落实下去。如果团队水平不高，即便有一流的战略，最终也很难取得好的成果。柳传志之所以将搭班子放在定战略之前就是认识到了这一点，强调人的重要性，倡导搭建一支顶级的合伙团队。

一家创业企业的发展往往要经历以下过程：创始人脑海中产生某种想法—寻找创业合伙人—形成经过市场验证的商业模式—慢慢发展壮大—构建系统组织—扩大企业规模—进行资本运作—发展成熟。在这个过程中，团队的成长与壮大渗透到了每一个重要环节。随着企业不断发展，初始创业团队的规模不断壮大，逐渐变成规模化的组织架构，业务越来越多，业务体系也越来越复杂。从某种程度上看，对于企业来说，合伙团队与商业模式就是一枚硬币的正反两面，合伙团队是“人”，商业模式是“事”，二者不分先后，必须融合发展才能保证创业成功。

对于创始人来说，在创业初期寻找合伙人是一项挑战，它考验的是创始人对于企业未来发展方向的思考与把握。一方面，创始人要明确未来的发展模式及核心业务；另一方面，创始人要组建一支优秀的合伙人队伍来支撑企业发展。在企业发展过程中，为了完善业务布局，健全合伙人队伍，创始人要不断吸纳新的合伙人加入。

从根本上看，利益与权力的安排反映的就是合伙股权架构问题，具体包括合伙人在利益与权力方面的分配、相处规则、遇到重大问题时的解决方案等。为了保证合作关系的稳定性与长久性，这些问题都要提前明确。

创业初期，合伙人都持有长期合作心态。但在企业发展过程中，有些合伙人会因为某种原因中途退出，甚至会出现创始团队整体出走现象。企业发展速度越快，这种现象越容易发生。导致这种现象出现的一个重要原因就是合伙人之间没有明确的规则，只依靠情感维系。如果团队内部出现巨大分歧，情感破裂，就会导致合伙人团队分崩离析。或者某些合伙人会被外界巨大的利益吸引离开团队，导致团队破裂。

为了避免这些情况发生，创始人在组建合伙人团队时要明确各种规则。从公司法层面要明确公司治理规则与机制，在企业内部要设计更加自治化的顶层规则，尤其要明确合伙人的利益分配机制与决策机制。

在合伙人队伍中，大家处于平等地位，平等本身就是一种规则。因此，为了保证各合伙人处于平等地位，必须明确合伙人规则。具体包括：招募几名合伙人？合伙人的利益如何分配？权力如何分配？决策权掌握在谁的手中？谁来执行监督权？合伙人如何退出？新合伙人如何进入？如果公司发生亏损，亏损如何分担？除此之外，需要明确规定的内容还有很多。从本质上看，规则就是一种契约，需要通过公司章程或协议明确。

具体而言，创业合伙人需要明确的规则如表1–3所示。

表 1–3　创业合伙人需要明确的规则

合伙人规则	具体内容
股权进入机制	即新合伙人进入的条件以及股权分配比例等
分工与权责划分	即明确合伙人的职责范围
确定股权比例	根据各个合伙人的贡献合理分配股权
约束考核机制	明确对合伙人的绩效考核方案，制定有效的约束机制
退出机制	明确合伙人的退出规则，包括股权回购策略与计价方法等
股权动态调整机制	明确因为股权分配不合理导致合伙人内部出现矛盾的调整方法
新老股东适配规则	明确如果有新股东加入，新老股东如何分配股权
公司控制权设计	设计一套合理的公司顶层治理规则，将股东意志转化为公司意志，对公司进行有效控制
继承配偶析产等情形约定	明确合伙人离婚或者死亡情况下股权的处理规则
明确财务盈亏分担规则	明确公司盈利、利润的分配规则，公司亏损的分担方案

1.2.4　搭建创业团队的三个关键

创业团队的搭建直接影响着创业的结局，足见其重要性。为了保证创业团队的搭建效果，需要注意以下三个关键点：

◆厘清关键性问题

在创业团队搭建过程中，一些关键性问题往往会对企业未来的价值判断与战略抉择产生影响。例如，合伙人对企业未来发展的设想；合伙人对五年内所获利益的设想；合伙人对企业文化的设想；合伙人对未来合作伙伴的态度；合伙人对投资人的态度；合伙人对员工的态度；合伙人对公司未来业务发展核心环节的认知；这些环节应该交由谁负责等。在组建合伙人团队之前，合伙人必须围绕这些问题进行开诚布公的交流，达成一致意见。

◆商定彼此的分工和角色

合伙人要明确分工与角色，尤其是在员工和媒体面前。

首先，要明确“一把手”，也就是最高领导。一个成功的企业必然有一个优秀的创业领袖，其领导力可能源于多个方面，例如个人魅力、技术实力、市场贡献度等。一般来说，在一个合伙人队伍中，创业领袖应该获得最大程度的认同，能够将其他合伙人团结在一起，带领大家向着共同目标不懈努力。

由此可见，“一把手”任务艰巨，需要明确企业发展方向，对重大事项进行决策，对企业经营管理负最大责任，在公司面临危机时迎难而上等。虽然公司合伙人都需要为了企业发展付出努力，但最终对企业发展负责的只有“一把手”。因此，对于企业来说，“一把手”至关重要，如同马云之于阿里巴巴、任正非之于华为。所以，对于“一把手”这个角色，创业团队要慎重选择。

其次，“一把手”确定之后，要选择“黄金搭档”，才能保证创业成功。这里的“黄金搭档”指的是拥有不同特长的合伙人，包括擅长开拓市场的合伙人、善于对内经营管理的合伙人、善于产品研发的合伙人、善于运营客户的合伙人等。例如微软公司的比尔·盖茨与保罗·艾伦，前者负责产品与技术，后者负责市场与销售；又如罗辑思维的罗振宇和李天田，前者负责公司形象，后者负责公司管理。可见，在创业团队组建的过程中，寻找“黄金搭档”、明确界定彼此的角色也非常重要。

◆进行有效沟通

合伙人之间只有进行有效沟通，才能进行高效协作。想要保证沟通的有效性，必须对所有问题进行公开讨论，不要积累问题，以免影响合伙人之间的信任。合伙人不仅要在会议室进行正式沟通，还要在会议室之外进行非正式沟通，交流谈心，倾听对方内心真实的想法。需要注意的是，合伙人沟通的目的在于解决问题，达到同频共振，而不是激化矛盾，反目成仇。

1.2.5 哪些人不能成为创业合伙人

不是所有有才能的人都适合担任合伙人，创始人在选择合伙人时要注意四类人，具体如图1–4所示。

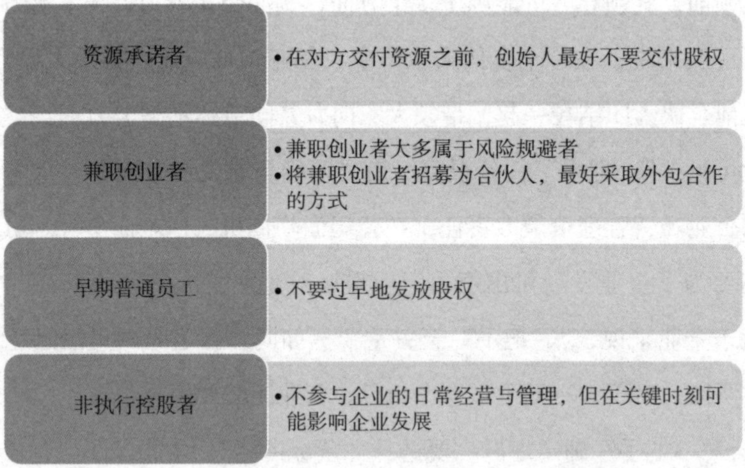

图 1–4　四类需要审慎选择的创业合伙人

◆资源承诺者

有些人拥有丰富的政府资源、行业资源或客户资源，为了借助其拥有的资源推动企业发展，创始人会承诺一定的股权份额，将其称为创业合伙人。需要注意的是，商业领域的首要原则就是平等交换，在对方交付资源之前，创始人最好不要交付股权。创始人固然要舍得股权，但也要敢于收回股权。

为了与资源承诺者开展良好的合作，创始人最好与对方签订合伙协议，先建立合作关系，再逐渐向合伙关系过渡。在对方交付资源，且资源确实对企业发展产生积极作用之后，创始人再交付股权，或者给予对方一定的期权，约定目标与责任，然后由期权向股权过渡。

◆兼职创业者

兼职创业者大多属于风险规避者，他们不愿意放弃现有的稳定的收入来源。如果创业团队遇到困难，这类人不仅无法发挥积极作用，还有可能逃避问题，规避挑战。而在创业过程中，合伙人最重要的就是与企业风雨同舟，遇到问题迎难而上，共渡难关。兼职创业者很难做到这一点。

如果创始人要将兼职创业者招募为合伙人，最好采取外包合作的方式，或者聘请对方为企业顾问，向其发放小额股权。在兼职创业者成为全职创业者之后，再将其正式吸纳为企业合伙人。

◆早期普通员工

对于早期普通员工，企业最好不要过早地发放股权，其原因主要在于：普通员工因为不了解企业的商业模式，不清楚企业的发展前景，所以对企业的未来持怀疑态度。即便企业向其发放股权，因为员工对股权的价值没有较高的认同感，也很难起到应有的激励作用。相反，随着公司走上正轨，员工看到公司股权未来的增值空间，即便只向员工发放小份额股权，也能对员工产生较大的激励作用。

◆非执行控股者

非执行控股者大多比较认同资金与资源的价值，希望通过出让部分资金或资源来获取公司股权。这类人推崇的是工业时代的资本逻辑，而非创业合伙时代人才平等与价值共享逻辑。在企业发展过程中，他们不参与企业的日常经营与管理，但在企业发展的关键节点，他们可能会影响企业决策，这种影响可能是积极的，也可能是消极的。

有一种非执行控股者的情形比较合理，那就是内部创业公司，即创业公司是平台内部孵化的，平台投入资金与资源，持有一定的股权，内部员工参股并持有一定的股份，企业运营由参股员工负责。在这种模式下，平台公司与内部创业公司之间存在某种战略协同，平台公司会为内部创业公司提供各种资源。例如，海尔集团旗下拥有2000多家小微企业，海尔为他们提供发展所需的各种资源，至于企业的日常运营则由各企业的总经理团队负责。

以上是四种典型的伪合伙人，除此之外还有很多其他的类型，创始人需要仔细甄别。总而言之，创业团队的组建需要遵循三大黄金标尺，掌握三个关键操作点，在选择合伙人时要注意甄别，保证创业团队的稳定性，为创业成功奠定良好的基础。

1.3 股权分配：企业股权设计的操作方法

1.3.1 梳理股东权利结构体系

股权架构不是简单的股权比例或投资比例，股权架构设计要根据股东的股权比例，对股东权利及股东会、董事会职权与表决程序进行调整。股权是在投资的基础上产生的所有权，是管理权、决策权的来源，对公司管理规模与方向有着极其重要的影响。股东只要有投资行为，就能获取一定的决策权，只不过获取的决策权的大小及其影响力不同而已。

◆控股股东

控股股东掌握着决策权，成为控股股东的方法有两种：第一，直接实际出资超过50%；第二，直接实际出资不足50%，但获取了较大比例的股权，之后通过吸收关联公司的股东、亲属股东、朋友股东等方式形成联盟，掌握公司控股权。

◆表决权的取得

如果没能成为控股股东，但又想对公司控股，就要在公司成立之初，制定对自己有利的章程，增加己方的表决权数。要想参与股权设计，己方必须拥有市场优势、管理优势、技术优势，借这些优势弥补投资资金方面的不足，进而获得表决权。

◆股权的弱化或强化

股权强化或弱化的目的主要是保护实际投资人的利益，或者吸收引进优秀人才。正常情况下，“股权设计”遵循的是同等出资同等权利的原则，但如果公司存在隐名股东或有股东持有干股，一旦有人要求完整的股东权利，或者有人要求解散公司，对公司剩余资产进行分配，就会将公司置于危险境地。所以，只有制定合理的章程，签订合作协议，明确股东股权，才能避免纠纷，维护公司稳定。

◆表决程序

在一家公司中，重大事件决策权往往掌握在股东会或董事会的手中，为做出合理决策，需要根据公司的实际情况对表决形式与程序进行设计。有些公司规定，股东向外转让股权，必须由股东投票表决，只有2/3及以上的股东同意，股东才能将股权转让给他人；有些公司规定，股东去世后，其继承人进入公司决策层及管理层需要现有股东开会表决，且对表决比例与时限做出严格规定。

总而言之，投资者要对投资额、投资目的、投资占比进行充分考虑，从各个方面分析公司的股权架构，只有如此才能更好地维护自身利益，保证公司稳定，推动公司实现健康可持续发展。

1.3.2　量化创始团队的贡献值

在合伙创业的过程中，不同的合伙人往往能够为初创企业提供不同的资源，例如提供时间、起始资金、实物资产、办公场所、创业点子、专用技术、人脉资源等。由于所投入的资源性质不同，往往很难对各自的投入进行比较。因此，对合伙型创业公司而言，股权分配的难度比较高。如果初始股权的分配无法达成一致，可能给企业发展埋下隐患。

那么，如何才能量化不同性质的创业贡献，以更好地指导股权分配，为企业长远健康的发展奠定基础呢？美国企业家迈克·莫耶曾经在《切蛋糕：创业公司动态股权分配全案》一书中给出了解决办法，即对每个合伙人提供的创业资源进行市场估值，按合伙人贡献的估值在总估值中所占比重计算应占有的股权比例。这一方法也被称为“贡献估值法”。在“贡献估值法”中，最重要的环节就是估算各种贡献的市场价值。

◆时间投入

对初创型企业而言，时间投入是最主要，也是最重要的贡献之一。对合伙人投入的时间，可以按照同类市场的人工成本进行核算。例如，可以参照在该行业类似职业背景、学历、技术水平的人才的工资标准，计算创始人投入时间的贡献值。

例如，在同类市场中，类似人才的年薪为50万元，而企业创立初期该创始人并未领取工资，那么就相当于一年为企业节省了约50万元成本，这50万元可以算作其一年对企业的投入。

◆起始资金

同样数额的资金对处于不同发展阶段的企业而言具有不同的意义。对处于初创阶段的企业来说，起始资金的注入决定了企业的生死存亡，具有极其重要的价值。而当企业发展壮大、拥有良好的发展前景以后，其获得资金注入更加容易，这时同等金额的资金对企业的价值就降低了。在对投入起始资金的创始人的贡献进行估值时，应该在实际金额的基础上适当增加权重，以体现其对企业创立和发展的重要性。

◆实物资产

对于创始人提供的实物资产，可与资金投入的价值进行同等估算。因为实物资产也是资金投入的一种形式，但需要注意的是，创始人所提供的实物资产，应该至少符合表1–4所示两种情况中的一种。

表1–4　实物资产需要满足的两个条件

条件	具体内容
是创业企业主营业务所必需的核心资产	创始人所提供的能够进行价值量化的实物资产应该为企业创始阶段所必需的核心资产。例如对制造类企业而言，大型机械属于此类资产；对于互联网企业而言，电脑属于此类资产
是专门为创业企业的经营而特意取得的	创始人所提供的能够进行价值量化的实物资产应该是专门为创业企业的经营而特意取得的。例如为了企业办公需要而购买的办公设备，为了企业运营需要而购买的运输车辆等

如果创始人提供的实物资产符合表1–4中两种情况中的一种，就可以对其价值进行量化。具体的量化过程要依据实物资产的具体情形进行，例如如果物品为全新购买，那么可以按照购买价格进行计算；如果物品已经使用过一段时间，可以按照折旧价格计算。需要注意的是，如果此类实物资产为稀缺物品，需要适当提高其价值权重。

◆办公场所

与重要的实物资产一样，办公场所对创业型企业而言也是至关重要的。如果合伙人提供了创业所需要的办公场所、店铺、仓库等场地，而未收取租金或其他费用，那么其提供的办公场所可以视为对企业的投资。需要注意的是，并非创始人能够提供的所有场地都可以进行价值量化，具体处理方式可以参照表1–5所示情形。

表1–5　办公场所价值量化的两种情形

情形	处理方式
提供的场地超出实际需要	例如企业创业初期只有8名员工，只需要100平方米的办公场所，如果创始人提供了300平方米的办公场所，那么多余的200平方米对企业没有使用价值，不应该计入其贡献
原本就不能用于盈利的场地	如果创始人所提供的场地原本就不能为其创造收益，提供场地后其利益也没有受损，那么提供的场地就不能进行价值量化

◆创业点子

对于处于初创阶段的企业而言，关于企业产品开发、运营策略等方面的建议十分重要。一个关键的创业点子甚至可能决定企业能否打开局面、迅速获取竞争优势。但需要注意的是，并非所有的创业点子都有价值、值得计入贡献。

如果创始人在此之前进行大量的思考和尝试，已经有了成形的技术方案、商业计划，乃至原始产品，那么该创业点子就具有十分重要的价值。在进行贡献估算时，应该将其先期投入的时间、精力和成本一并纳入考虑范围。

◆专用技术/知识产权/产品

创始人能够提供的专用技术、知识产权或产品也具有相当重要的价值。在估值时应该根据不同的情形区别对待。例如，创始人将专用技术、知识产权或产品的所有权转让给企业，那么企业应该按照专用技术、知识产权或产品的价值进行贡献估算；如果创始人只是授权企业使用，那么则按照使用费计算贡献值。

◆人脉资源（销售、融资等）

当企业处于创业初期时，人脉资源与资金、技术等处于同等重要的地位。人脉资源依据性质不同，可能给企业带来销量的增长、资金的支持等，为企业的发展奠定坚实的基础。如果创始人能够提供的是可靠的销售渠道，那么可以按照销售收入的比例计算其贡献值；如果创始人提供的是融资途径，那么可以根据市场行情估算其贡献值。

总之，在创业初期，如果创始人提供的是企业发展迫切需要的资源，那么就可以计入其对企业发展的贡献，也就是创始人对公司的投资。在具体实践过程中，企业可以与创始人达成一致，通过协议约定价值抵偿的方式是资金还是股权。

1.3.3 股权比例的计算方法

使用贡献估值法确定每个创始合伙人所投入的创业要素后，就可以对其贡献进行量化计算。具体的股权比例可以按照股权比例计算公式计算。另外，对创始人的贡献进行估值时，需要注意投入要素的估值浮动和股权比例的计算时机。

◆股权比例计算公式

创始人应占的股权比例，实际上就是单个创始人贡献要素的估值在所有创始人贡献估值总和中所占的比例，计算公式为：

某个创始人的股权比例＝某个创始人的投入估值÷
全体创始人的投入估值总和

在具体的计算过程中，需要注意创始人投入的要素必须符合相应的条件。

◆投入要素的估值浮动

虽然对创业型企业而言，各种投入要素对企业的发展都非常必要，但各个要素的稀缺性和迫切性不尽相同，因此投入要素的估值有一定的浮动性。

例如，起始资金对初创企业至关重要，虽然各个创始人都能投入时间，但资金却无法凭空产生。因此，在对创始人的贡献进行估值时，可以依据其重要性提高权重，也就是说，不能仅仅根据投入资金的实际金额进行估值。

但是，在具体的实践过程中，可能因为每个创业公司的情况不同而有所不同。例如，企业创立初期，能够提供资金支持的创始人比较多，但拥有相关知识产权的创始人只有一个，那么就应该增加知识产权在估值中的权重。

◆股权比例的计算时机

在公司创立初期，有的要素可以一次性投入，例如起始资金、办公场所等，但有的要素不能一次性投入，尤其是创业时间，可能要随着创始人的工作不断开展逐渐投入。因此，在对创始人所占股权比例进行计算时，需要把握合适的时机。

（1）预估法。预估法是进行股权比例计算最直接、最简便易行的方法。在创业项目启动时，就可以根据创始人的实际情况预估其能够为创业活动做出的贡献，并预估其价值和所占的股权比例。

例如，甲、乙、丙三人合伙创业，甲提供起始资金20万元，但不负责公司运营和管理；乙不提供创始资金，但负责企业管理工作；丙不提供创始资金，负责公司的日常事务。

根据同行业人才市场的行情，乙的年薪约为45万元，丙的年薪约为15万元。同时，由于甲提供的起始资金对企业的创立具有一定的稀缺性和迫切性，因此可以对甲的贡献进行翻倍估值。如果创业的第一年甲、乙、丙三人都没有领取工资，那么三人的贡献估值分别为40万元、45万元、15万元，甲、乙、丙三人对应的股权比例分别为40%、45%、15%。

（2）定期评估法。预估法虽然操作简单，但其适用的情形有限。如果在创业过程中，合伙人投入的贡献是变化的，那么使用预估法就无法准确反映具体的投入情况，此时，就可以采用定期评估法计算创始人所做贡献的价值比例。

具体的计算方法为：定期汇总各个创始人的贡献，然后选取某个时间节点计算创始人的股权比例。当然，由于选取的时间节点是变化的，各个创始人的股权比例也应该是浮动的。

仍以上述情况为例，甲、乙、丙三人合伙创业，甲提供起始资金20万元，乙负责企业的管理工作，丙负责公司的日常事务。根据同行业人才市场的行情，乙的年薪约为45万元，丙的年薪约为15万元。那么，换算为月薪，乙的月薪为3.75万元，丙的月薪为1.25万元。

在这样的情况下，可以以月、季度或年等不同的时间节点进行计算，得出不同时间节点创始人的股权比例。

当然，上述案例比较简单，真实的创业过程往往更加复杂，创始人的投入也可能具有比较大的不确定性和波动性，因此进行定期评估是十分必要的。需要注意的是，如果企业准备融资，则需要保证创始人的股权比例基本固定，以免影响投资方的投资意愿。

1.3.4　设定股权锁定期限

在稳定核心创业团队方面，股权锁定是一项有效措施。只有将员工的个人利益与公司利益绑定在一起，才能打造一个无坚不摧的团队。创业公司因资金有限，无法用高薪吸引人才、留住人才，只能向核心员工发放股权。对于创业公司来说，团队是否稳定，团队的战斗力是否持久，是影响创业成败的关键。而要刺激团队保持长久的战斗力，就需要进行合理的股权锁定。

◆何谓股权锁定

股权锁定有两层含义：一是用股权招募有志之士一同创业，授予员工一定比例的股权，让员工和公司同甘共苦，促使员工形成主人翁精神，对公司产生归属感。在这种方式下，员工就是公司的合伙人，“公司平台+股东/合伙人”的模式应运而生。二是在某个时间期限内，持股方不能将股权、股份、股票转让给他人，这个期限就是持股锁定期限，其目的是稳定公司的控制权。

这个理念来自投资机构，比如某投资机构投资了一家初创企业，作为公司的创始人或联合创始人，其股权要有一个绑定期，如3年或5年等。当然，对于投资机构或投资人来说，这个时间越长越好。因为一般来讲，一个项目从获得天使投资到上市需要7~8年的时间。但对于创始人来说，这个绑定期越短越好，一般为3~5年。

从天使投资人的角度看，如果CEO的绑定期为3~5年，绑定期一到，CEO离开公司，很有可能造成无人主持大局的局面。对于创业公司来说，CEO的绑定期非常重要，因为一旦CEO离开，公司很难在短时间内找到合适的人接替，很容易导致公司陷入发展困境。所以，对于创业公司来说，CEO是不可替代资源，对企业创业成败有着直接影响。

◆股权锁定的好处

在创业投资模式下，投资人出资较多，持股较少，属于公司的小股东；创业者出资较少，但持股较多，属于公司的大股东。为促使投资人与创业者之间的利益达到平衡，稳定公司的核心团队，必须锁定创始股东的股权。另外，股权锁定还能防止股东在企业的关键节点（IPO之前等）转让股权，损害企业利益。

◆股权锁定条款

一般情况下，股权锁定条款会做出规定：在企业公开发行上市等特殊时期，创始人如果不能获得全部或部分特定投资人的许可，不能将自己的股权转让给他人。

（1）推荐条款：如果没有获得投资人的书面许可，创始人不能在公司首次在资本市场公开发行股票之前，以任何方式处置自己持有的股权，这里所说的任何形式包括转让、赠与、质押、信托等。当然也有例外，即创始人因执行公司所有权机构批准的股权激励计划，可以按规定将自己的股权转让给被激励者。

（2）制度背景：公司、创始人、投资人都希望稳定创业团队，限制创始人股东在上市前转让股票，可以将团队利益与公司发展绑定在一起，维护团队稳定。

投资人与创始人达成协议决定投资，投资款进入公司，公司股价上涨。如果没有股权锁定条款的约束，在股权成熟后，创始人极有可能转卖自己的股权以获取高额收益。对于投资人来说，这是一种潜在风险。所以，很多投资人在考察投资项目时都会对公司的创始团队进行重点考量，甚至会根据创始团队对公司进行估值。为平衡投资人与创始团队之间的利益关系，公司设置了股权锁定。

在创业初期，创始人的工资都比较低，而且工作量较大，所以很多时候都会做出如下规定：如果投资人同意，创始人股东可以小额套现；如果创始人要执行员工激励计划，可以将自己的股权转让给员工。

（3）实现机制：有限责任公司强调“人合性”。如果公司50%以上的股东都同意股权转让，股东就可以对外转让股权。持反对意见的股东应购买股权，否则视为同意转让。也就是说，《公司法》允许股东通过转让股权退出。

需要注意的是，《公司法》只是建议交易方将该规定作为指引性法律规范，并不限制交易方通过公司章程另行制定规范。也就是说，公司章程对股东的股权转让做出了规定，就按照公司的规定行事；如果没有，就按照《公司法》的相关规定执行。

综上所述，为平衡创业者和投资者之间的利益关系，公司需要在投资协议中制定股权锁定条款，约定股权锁定期限。在股权锁定期间，如果创始人必须转让股权获得一定的现金收益，需要征求投资人的许可，签订相关协议，然后才能转让少部分股权。但一般情况下，直到企业上市前或被并购前，创始人股权都会一直处于锁定状态。

1.3.5　提前设计股权退出机制

公司为合伙人、员工分发股权，无论实股、虚拟股还是期权，都要提前约定退出机制，以免引起不必要的纠纷。下面，我们从退出情形、退出价格、退出股份处理三个方面对合伙人股权退出机制进行分析。

◆退出情形

一般来说，公司股权退出情形有以下三种：

（1）正常退出。正常退出指的是股权激励对象在与公司保持友好关系的前提下主动申请退出，例如因急需用钱退出变现。在这种情况下，股权激励对象需要提交退出申请，经董事会批准后退出。如果公司持有股权的员工比较多，为了对员工的退出变现请求进行统一处理，可以规定一个固定的时间集中办理，例如每年的7月。

除退出变现外，如果持有股权的员工与公司解除劳动合同，包括辞职、辞退、解雇、离职等，而且不在公司下属单位或者关联公司任职。自合同解除之日起，员工就不再持有公司股权。

（2）过失退出。过失退出指的是股权激励对象犯了重大过失或者做出恶意行为，公司强制其退出的情形。具体来看，过失退出情形包括五种，如表1–6所示。

表1–6 过失退出的五种情形

序号	具体情形
1	激励对象持有股权，但绩效考核结果没有达到要求。股权激励的主要目的就是激发员工工作的积极性，激励员工取得更好的工作成绩。因此，如果员工在获取股权之后，工作懈怠，没能达到公司设定的绩效底线，在这种情况下，公司可以根据员工的工作表现强制其退出
2	激励对象做出了严重损害公司利益的行为，例如泄露公司商业机密、侵犯公司的知识产权等。为了避免这种情况发生，公司要对可能触及公司红线的行为做出明确规定
3	激励对象未经董事会批准，擅自对其持有的股权进行处理，例如转让、质押、信托等。对于做出这种行为的员工，公司可以强制其退出
4	激励对象未经董事会批准，私自经营或者与他人共同经营与公司相同或相似的业务
5	激励对象严重违反公司的规章制度或法律法规

（3）特殊退出。特殊退出指的是在一些特殊情况下，公司要求激励对象退出的行为。特殊退出的六种情形如表1–7所示。

表1–7 特殊退出的六种情形

序号	具体情形
1	激励对象丧失劳动能力、死亡或失踪，面对这种情况，公司为了方便管理，可以要求激励对象退出。或者，公司为了体现对员工的人道主义关怀，也可以保留其股份。如何选择，关键取决于公司的价值导向
2	激励对象退休，公司可以要求激励对象退出，也可以保留其股份，具体规则参照上一条
3	人民法院判定激励对象为无民事行为能力人或限制民事行为能力人，公司要为激励对象办理退出
4	激励对象职位下降，降职后不符合股权激励标准，或者降职后其持有的股份份额应当减少。面对这种情况，公司要遵循动态股权激励原则，具体情况具体分析，根据员工的人力资本价值对其持有的股权份额进行调整
5	受不可抗力或突发事件的影响，导致股权激励方案无法继续履行，或者股权激励的目的已经无法实现，公司要为持股员工办理退出
6	激励对象因正常原因、按规定流程与公司终止劳动合同，公司要为其办理退出

◆退出价格

股权激励具有长期性，为了体现公司与股权激励对象共创业绩、共担风险、共享利益的合伙理念，大多数公司在设计股权激励方案时都会设置锁定期，将激励对象的股份锁定。

上面提到很多种股权退出情形，在不同的情形下退出，员工获取的收益也不同。具体来看，退出价格可以用一个公式来计算，即退出价格=入股价格+持股期间的增值收益×一定比例。

入股价格指的是激励对象获取股权时的股票价格，无论这个价格是否合理，都是一个固定的数值，不会变动。对于激励对象来说，这部分属于本金。从理财的角度看，无论什么时候，激励对象都希望保本。由于大部分员工的风险承受能力比较弱，与公司共担风险的意愿比较低，因此，入股价格最好不要变动。

持股期间的增值收益指的是增量，通常要按照净资产增值或者股价增值来计算，计算方法为退出时的每股价格减去入股时的每股价格。持股期间的增值收益的核算时点为退出时点或者退出时点的上一年度末。公司每年的利润或增值部分，一部分会作为分红发放给持股员工，另一部分会留在公司，使公司的净资产有所增加。如果这部分收益不分给员工，员工就会希望尽可能多地获得分红，同时公司也希望尽可能多地留下资金用于发展。

需要注意的是，从风险共担的角度看，如果持股员工退出时，公司处于亏损状态，可以不要求员工承担亏损，也可以要求员工按照持股比例承担亏损。如果要求员工承担亏损，最好在退出规定中补充一句：员工以出资额为限承担亏损。也就是说，即便要求员工承担亏损，最多亏损投资本金。

◆退出股份处理

如果是自然人直接持股，公司要在退出方案中明确规定，在公司挂牌上市之前，持股员工可以将退出股份转让给公司股东或者其他持股员工。如果是合伙人退出，可以将股份转让给其他合伙人或者股票池持有人。或者，合伙人可以将股份转让给其他有限合伙人。如果合伙协议允许，退出的合伙人也可以将股份转让给其他人。无论选择哪种退出方式，都要在持股平台内结算，不会对公司造成影响。

总而言之，初创企业开展股权激励，将股份分出去之后还要做好管理工作，约定退出规则，以免日后出现纠纷，对企业发展造成不良影响。

1.4 动态股权：初创企业股权分配新思维

1.4.1 静态股权VS动态股权

对于股权的重要性，很多创业者都有非常深刻的认知，但大多数创业者没有意识到合理分配股权的重要性。如果股权分配不合理，很有可能引发股权危机，对公司发展造成阻碍。

在创业之初，为了让创业合伙人享受同等的权力与待遇，很多创业者选择平均划分股权，例如，1∶1或3∶3∶4。但随着公司不断发展，不同的合伙人对公司发展做出不同的贡献。根据“多劳多得”的原则，平均分配股权方案无法再保证公平。再加上，为了引进外部资本，对员工进行股权激励，公司亟须对股权配置进行改革，完善公司的股权架构。

◆静态股权分配

随着创业公司的各项业务趋于稳定，创业者发起关于调整股权比例的讨论会遇到重重阻碍。在这个阶段，创业团队内部可能会出现分歧，这些分歧看似是因为经营理念不一致导致的，实则是因为公司的股权结构不合理。创业者在创业之初确定的固定的股权比例，也可以称为静态的股权配置，没有为那些为公司发展做出更大贡献的合伙人以及未来可能加入的优秀合伙人留出足够的股权空间，更没有考虑到之后的融资需要以及员工激励需要。

公司要根据自身发展不断调整股权分配方案，满足合伙人按劳分配的需要，持续激发合伙人的创业热情，维护创业团队的稳定。

以滴滴出行为例，创业初期，滴滴出行的股权结构为4∶3∶3，即创始人程维持股30%，首席技术官持股30%，天使投资人持股40%。随着公司不断发展，首席技术官虽然持股30%，是公司享有决策权的大股东，但其决策能力已经无法满足公司发展需要，因此，滴滴用240万元的价格收回了首席技术官的所有股份，为后续引进人才、引进资本消除了障碍。

除此之外，公司在设计股权分配方案时还要综合考虑公司发展的战略目标，维护各方利益的平衡。但在现实生活中，由于创始人、投资人与核心员工的利益无法协调，所以这种平衡很难实现。

对于创始人来说，他们更看重公司的长远发展，希望始终掌握公司的控制权；对于投资人来说，他们更看重短期效益，即如何在短时间内获得最大的投资回报；对于核心员工来说，他们更看重分红比例与金额，以及公司对他们股东身份的认同。由于三者的利益不可调和，公司进入新的发展阶段之后，静态股权分配方案就会失灵。静态股权只能着眼于当下，关注短时间内能够预测到的公司发展需求。随着公司不断发展，静态股权会对公司发展造成一定的制约，抑制合伙人的创业热情与为公司发展做贡献的激情。

◆动态股权分配

相较于静态股权分配制度，动态股权分配制度能够更加客观地反映合伙人对公司发展做出的贡献，能够更好地体现公司需求，让合伙人利益与公司利益实现统一。动态股权分配制度的核心逻辑在于将股权视为对员工为公司发展所做贡献的公平奖励，在实际贡献产生之后再分配股权，根据贡献分配股权与利益，通过这种方式实现按劳分配，保证分配公平。

在现实生活中，采用动态股权分配制度的企业有很多。创业企业获得的第一笔投资非常宝贵，为了表达感激之情，创始人往往会为其分配较大比重的股份。但是，随着公司不断发展，各项业务走上正轨，公司估值翻倍，盈利稳定，并且开始沉淀闲置资金，投资人所获报酬是最初投资金额的数倍。在这种情况下，如果投资人一直持有较高的股权比例，会分走企业大部分利润。对于负责运营的合伙人来说，这种股权分配结构不太合理，而且也不利于企业引入新的优秀合伙人。

当然，动态股权分配不是鼓励创始人在公司走上正轨之后抛弃投资人，而是要在公司发展、其他合伙人利益与投资人利益之间寻找平衡。为了做到这一点，企业可以对投资人股权进行动态调整或者半动态调整。例如，在创业初期，在投资人没有“回本”之前，可以为投资人分配较高比例的股权，为运营合伙人分配较低比例的股权，或者不分配股权。随着公司逐渐盈利，投资人逐渐“回本”，创始人可以适当增加运营合伙人的股权比例，让运营合伙人持有的股权比例与投资人持有的股权比例持平。当投资人的投资回报率达到100%之后，创始人要适当缩减其股权，提高运营合伙人的持股比例，或者对其他员工进行股权激励。

通过上述动态股权分配方案，既可以保证投资人快速回笼资金，又可以激发运营合伙人的创业热情，保证其收益与付出相匹配，平衡二者的利益关系，为企业健康可持续发展奠定良好的基础。

1.4.2 动态股权的特点与优势

相对于静态股权分配制度来说，动态股权分配制度的五大优点如图1-5所示。

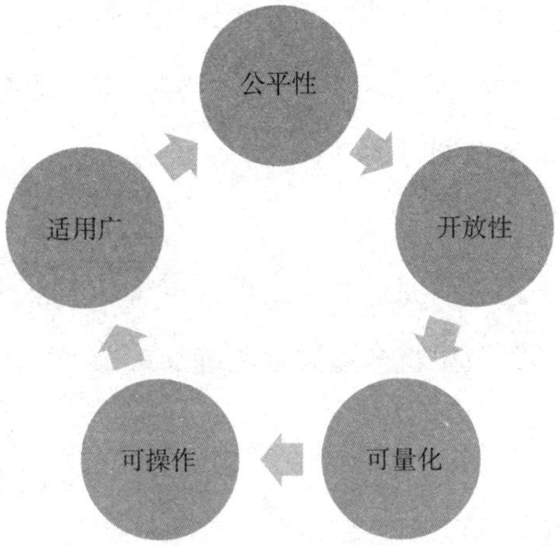

图 1–5 动态股权分配制度的五大优点

◆公平性

对于企业来说，股权分配最忌不公平。初创企业在经营过程中困难重重，创业者与合伙人都面临着巨大的压力，而且要承受经营失败的风险，但只要保证股权分配的公平性，让每个人的努力与付出都获得相匹配的回报，无论处在多么艰难的境地都能感受到快乐。对于创业者来说，公平地回馈每一位团队成员对公司发展所做的贡献，是提升团队凝聚力、激发团队成员创业热情的关键。

◆开放性

对于初创企业来说，人才与资金是两个同等重要的因素。动态股权分配方案可以为企业引进人才提供广阔的空间，也可以让有意愿退出的合伙人自由退出，保证团队健康成长、持续发展。

◆可量化

动态股权分配方案可以对个人对公司发展所做的贡献进行量化，提高利润分配的科学性、合理性，同时还能将公司目标与个人目标相结合，让个人为了实现公司的战略目标努力奋进。

可量化指的是对贡献点与贡献值进行量化分析。贡献点的可量化在于明确个人为了获得股权需要付出哪些资源或者做出何种贡献；贡献值的可量化在于根据贡献点明确做出这些贡献能够获得的股权比例。量化之后，每个合伙人所做贡献、能够获得的股权比例就都一目了然了。这样一来，动态股权分配方案制订就能遵循公平性原则，达到预期目的。

◆可操作

动态股权分配机制遵循的原理非常简单，不需要企业投入太多成本，也不需要主导人掌握太多技巧，只要将各项规则明确下来，不要流于形式，以免失去激励效果即可。

◆适用广

动态股权分配方案的适用范围极广，不仅适用于初创企业，还可以以半动态股权分配方案、虚拟动态股权分配方案等形式用于大中型企业。动态股权分配方案的适用范围之所以广，主要在于动态股权是通过调整利润分配保证组织健康发展的。组织不健康，企业就会陷入危机。需要注意的是，股权问题并不是只有初创企业才会面临的问题，这个问题会存在于企业的整个生命周期。

综上所述，在动态股权分配模式下，初创企业可以统一合伙人的利益目标，凝聚全体合伙人的力量推动企业实现更好的发展，取得令所有合伙人满意的成绩，让所有合伙人共享发展成果。

对于创业公司来说，每一步都要克服艰难险阻，在通往成功的道路上，保持创业初心非常重要。创始人需要注意的是，企业的外部问题与内部问题是相互影响的，只有妥善解决内部分配问题，才能增强企业的凝聚力与向心力，并在激烈的竞争环境中实现健康发展。动态股权分配制度是解决内部分配问题的有效方案，有助于企业实现按劳分配，释放内部人员的创业热情，让公司保持长久的活力。

1.4.3 动态股权方案的操作方法

动态股权分配制度就是在公司发展过程中，对每一位股东对企业发展所做的贡献进行持续评价，等积累到一定数额或者发展到一定阶段之后，对股东持有的股份进行动态调整，真正做到根据合伙人提供的生产要素的价值对其进行奖励，刺激他们为公司发展持续创造价值，为团队吸引新成员、剔除老成员提供一定的空间，让团队面对变化做出快速反应。具体来看，动态股权分配方案可以通过七大措施实现（见图1–6）。

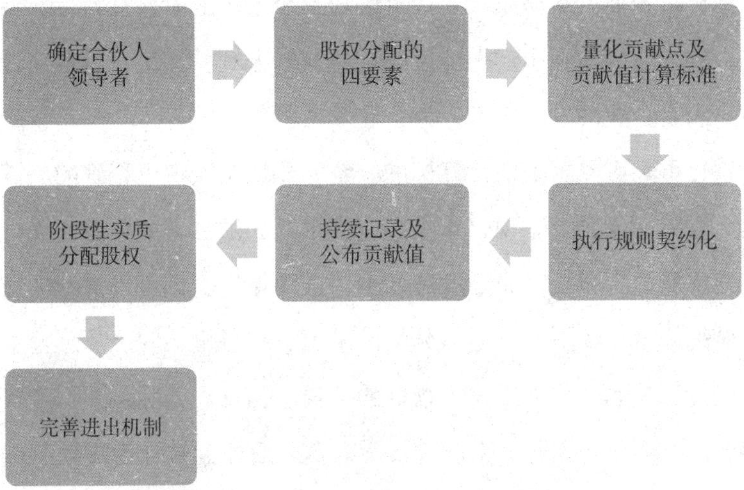

图1–6　动态股权分配的七大措施

（1）确定合伙人领导者。企业想要落实动态股权分配制度，需要在合伙人中选择一人来主导动态股权分配规则的制定与管理工作，将合伙人提供的生产要素的价值、计算比例记录下来，并主持股权分配、合伙人进入与退出等事宜。为了保证动态股权分配方案的说服力，这个领导人最好是企业第一次股权分配之前所有股权的持有者。为了彰显自己在团队中的核心地位，这位领导人不仅要有强大的领导力，还要拥有企业发展所需的专业技能、强大的市场洞察力以及无私的奉献精神。

（2）股权分配的四要素。在动态股权分配制度中，目标、里程碑、贡献点、贡献值这四大要素会对股权分配结果产生影响。

目标指的是公司的战略目标，需要每三年进行一次调整。确定了战略目标之后，公司可以根据战略目标确定里程碑，即根据战略目标制定各个节点的目标，也就是阶段性目标。然后，公司可以根据完成阶段性目标需要付出的努力确定贡献点，例如公司在一定阶段取得的销售业绩、技术成果等，贡献点对应的价值就是贡献值。

由此可见，动态股权分配要遵循目标导向和终局思维原则，立足于小目标，面向大目标，将企业的战略发展目标拆解成一个个小的阶段性目标，将目标的实现与合伙人的利益绑定在一起，让团队利益与个人利益相统一，最终让企业的股权分配方案满足企业的发展需求，为企业发展服务。

（3）量化贡献点及贡献值计算标准。企业要根据实现里程碑的关键节点来确定贡献点。对于初创企业来说，贡献点应当是其必须具备的资源。无论贡献是否具备直接经济属性，只要对企业发展产生了推动作用，都可以被计为贡献点。因为企业的最终战略目标不同，所以分解出来的贡献点也不同。从理论上来讲，资金、物资设备、全职合伙人未全额领取的工资、创意、人脉、知识产权等都可以看作贡献点，但创意与人脉只有产生实际效益之后才能被计为贡献。

企业可以根据贡献点的重要性为其赋予不同的贡献值。贡献点之间不是彼此独立的，而是存在一定的内在联系。因此，企业在确定贡献点时一定要对各个贡献点之间的关系进行衡量，明确各贡献点对企业发展的贡献。至于贡献值的大小，企业要根据自身情况提前确定，以保证公平。

（4）执行规则契约化。动态股权分配虽然提倡企业根据自身发展情况对股权分配规则进行调整，让股权分配结果处于动态变化状态，但要提前明确分配规则，做到“动而不乱”。因此，企业在确定了里程碑、贡献点、贡献值等要素之后，要将股权分配规则以书面的形式固定下来，然后再落地执行。

在制订动态股权分配方案时，创始人可以邀请所有利益相关主体参与讨论，将讨论结果以书面的形式确定下来。当然，由于企业处在不断发展状态，再加上考虑方面的有限性，动态股权分配方案在执行过程中要不断调整，每一次调整都要以书面的形式明确下来。

（5）持续记录及公布贡献值。想要保证动态股权分配制度落地执行，必须进行持续、有效的记录，保证记录的公平性、合规性、公开性、透明性，且要允许他人提出异议。

（6）阶段性实质分配股权。在完成阶段性目标之后，企业就可以根据日常计算结果确定股权比例，计算公式为：股权比例=预分股权比例×合伙人的贡献值/贡献值总额。从下一个里程碑开始重新对贡献点、贡献值进行计算，按照新的里程碑划分新的贡献点，确定贡献值，以此类推，明确每个阶段应该分得的股权比例。

（7）完善进出机制。因为每个阶段都是按比例分配股权，因此随着公司不断发展，在需要引入新员工、新资本时，企业总有足够的股权可以分配。以此为基础，企业的动态股权分配制度就获得了长久的生命力，同时保证企业可以不断地吸收新鲜血液，保持创业激情，实现更好的发展。

除此之外，企业在创建动态股权分配机制的过程中，要明确股权退出机制，允许不再为公司发展做贡献的合伙人退出，根据退出原因制定不同的股权回购机制，让留下的合伙人感到公平，同时吸引更多新的合伙人进入，共同推动企业持续、稳定发展。

1.4.4　动态股权分配的实战案例

某软件公司是一家初创企业，共有三位创始合伙人，主营业务是开发金融策略软件。该企业经过前期调查与访谈，根据行业特点与产品特点拟制定半动态股权分配机制，拟动态分配的股权为40%，以12个月为周期设定一个里程碑，计划在三个周期（即36个月）内完成所有动态股权分配。

公司设立之初，创始人A持有70%的股权，其中A实际持有30%，剩余40%拟用于动态股权分配，创始人B持有20%的股权，创始人C持有10%的股权。确定第一个周期（前12个月）实现销售额100万元，预计分配15%的股权，并明确了贡献点（即A提供软件技术开发支持以及办公场地，B提供服务时间，C提供资源渠道），以及各方投入的资金额，具体计算标准如表1–8所示。

表1–8　贡献点及其计算标准

贡献点	贡献点描述	贡献值计算标准
投入的资金	公司启动，合伙人共同投入公司资金	等额现金金额
软件技术开发支持	合伙人无偿提供的现有软件框架	每年10万元的软件使用费
办公场地	合伙人无偿提供的办公场地	每年租金12万元
合伙人提供服务未领取的工资	合伙人根据约定少领取的工资	同岗位少领取的报酬
资源渠道促成的销售额	合伙人利用资源促成的交易额	交易额的2%

如果公司在第一个周期的营业额达到100万元，就要对该阶段三位合伙人的贡献值进行计算，三位合伙人的贡献值相加就是该阶段的总贡献值，并按照以下公式对三位合伙人应获得的股权进行计算：合伙人该阶段应得股权 =（合伙人贡献值/该阶段贡献值总额）× 该阶段预分配股权比例。

以创始人A为例，A在第一个周期投入了10万元，贡献值计为10万元；提供软件技术开发支持，贡献值计为10万元；提供办公场地，贡献值计为12万元。于是，在这个周期，A的贡献值为32万元。如果经核算，三位合伙人在该阶段的总贡献值为80万元，那么A应得股权比例就是（32 ÷ 80）× 15%=6%。同理，可以计算得出B应得股权为4%，C应得股权为5%。

将各合伙人的贡献值换算为股权比例，并将相关换算表公布出来，以书面的形式向各个合伙人发送通知。如果各个合伙人对此无异议就可以签署《股权转让协议》，签署完成后的10~25个工作日内完成登记手续的变更。这样一来，经过第一个阶段的动态股权分配之后，该公司的股权持有情况发生了变化，其中A持有61%的股权，其中36%为实际持有股权，25%为代为持有的拟用于动态分配的股权；B持有24%的股权；C持有15%的股权。自结算之日起，合伙人之前的贡献值清零，重新开始下一个周期的计算。

在后疫情时代，创业企业在发展过程中面临着很多困难，技术壁垒、商业模式的调整未必是最大的阻碍，在各种不确定因素的影响下让各个合伙人保持相对平衡，让合伙人保持创业激情才是。为此，企业可以尝试使用动态股权分配机制，通过股权激励增强合伙人之间的凝聚力，提高合伙人的竞争力，为企业发展提供强有力的支持。

第2章　股权融资

2.1　商业计划书：格式、流程与撰写要点

一份完整的商业计划书应该包含执行摘要、公司概述、行业分析、市场分析、竞争分析、营销计划、运营方案、管理团队、财务规划九部分内容，具体分析如下：

2.1.1　执行摘要

在一份商业计划书中，执行摘要是第一部分，也是最重要的一部分。如果执行摘要无法引起投资者的兴趣，这份商业计划书很有可能被弃置一旁，无人问津。因此，企业想要提高成功融资的概率，可以在执行摘要部分投入更多时间与精力，字斟句酌，好好打磨。

一般来说，执行摘要的内容可以分为三部分：第一部分简单介绍公司业务；第二部分阐述公司的特质与优势，例如获得多项专利、是行业的先行者、拥有较强的竞争力等，引起投资者的兴趣；第三部分提供财务预算概要，包括未来五年中每一年的预期营收、成本支出以及利润，融资金额，资金的关键用途等。

2.1.2　公司概述

公司概述主要介绍公司的发展历程，具体包括公司成立的时间、成立过程、法人实体类型、取得的成就等。在这些内容中，取得的成就非常重要，可能成为投资者判断公司发展潜力的重要指标。因此，在公司概述部分一定要将企业自成立以来取得的成就，尤其是里程碑式的成就呈现出来，增强投资者的投资信心。

2.1.3　行业分析

行业分析包括两大内容：一是市场概览；二是相关市场规模。行业分析的撰写要点如表2–1所示。

表 2–1　行业分析的撰写要点

行业分析	撰写要点
市场概览	主要介绍公司所在市场的规模与特征，包括各个细分市场以及市场的发展趋势等。为了增强说服力与可信度，市场介绍最好融入一部分数据。例如根据权威部门预测，2020年 × × 市场的规模达到了 × × × × 亿元，年均增长率 × × %，未来五年市场规模将进一步扩大，达到 × × × × 亿元等
相关市场规模	相关市场规模是对市场规模更具体的计算，指的是假设公司占据了整个市场，即所占市场份额达到了100%，每年能获得的营业收入。相关市场规模的计算公式为：每年可能购买公司产品或服务的消费者数量 × 这些消费者每年愿意为公司产品或服务支出的费用

2.1.4　市场分析

市场分析也包含两大内容：一是目标消费者分析；二是客户需求分析。市场分析的撰写要点如表2–2所示。

表 2–2　市场分析的撰写要点

市场分析	撰写要点
目标消费者	在目标消费者分析这一部分，公司要精准地描述自己的目标消费者，包括目标消费者的年龄、收入、性别、地域分布、婚姻状况、受教育程度等，描述的内容越细致，说服投资者的概率越高
客户需求	客户需求分析就是说明消费者购买公司产品或服务的原因，例如质量好、舒适性高、价格低、性价比高、设计新颖、售后服务好等。其实，这部分就是要阐述产品或服务的独特卖点，说明竞争优势

2.1.5 竞争分析

竞争分析包括三部分内容：一是直接竞争者分析；二是间接竞争者分析；三是竞争优势分析。竞争分析的撰写要点如表2–3所示。

表 2–3 竞争分析的撰写要点

竞争分析	撰写要点
直接竞争者	直接竞争者指的是生产同类产品与服务，而且目标客户高度重叠，有直接利害关系的公司。假设公司经营学院系彩妆，那么其他生产学院系彩妆的企业就是直接竞争者。在直接竞争者分析部分，公司要阐明自己的直接竞争者有哪些，并对他们的优劣势进行详细分析
间接竞争者	间接竞争者指的是目标客户高度重叠，但生产的产品或服务有所区别的公司。例如，公司经营学院系彩妆，那么其他经营学院系护肤品的公司有可能就是间接竞争者。在间接竞争者分析部分，公司要阐明自己的间接竞争者有哪些，并对他们的优劣势进行详细分析
竞争优势	在这一部分，公司要深入剖析自己的竞争优势，具体来说就是要将自己与直接竞争者、间接竞争者放在一起进行比较，分析自己的核心优势、关键优势

2.1.6 营销计划

营销计划包括四大内容：一是产品和服务；二是定价策略；三是推广方案；四是渠道方案。营销计划的撰写要点如表2–4所示。

表 2–4 营销计划的撰写要点

营销计划	撰写要点
产品和服务	这部分主要介绍公司产品与服务的详细信息，从多个层面对产品与服务进行剖析，包括类别、核心卖点、未来的商业价值等
定价策略	这部分要详细介绍产品或服务的定价策略，重点阐述定价策略与行业竞争态势之间的关系。例如，公司产品或服务定位高端、中端还是低端？是否是低成本品牌？公司要根据自己所选的定价模型来阐述预期的品牌定位
推广方案	这部分要详细介绍公司吸引潜在消费者、获取新客户的策略，例如广告推广、自媒体推广等，要对公司可能使用的每一种推广方式进行详细介绍
渠道方案	渠道方案主要对消费者购买产品或服务的方式进行介绍，例如实体店铺购买、专柜购买、线上旗舰店购买等。如果公司有渠道商或其他的合作伙伴销售产品或服务，也要在这一部分进行详细说明，最好详细介绍公司渠道体系架构

2.1.7 运营方案

运营方案主要包括两大内容：一是关键运营流程；二是里程碑。运营方案的撰写要点如表2–5所示。

表 2–5 运营方案的撰写要点

运营方案	撰写要点
关键运营流程	关键运营流程指的是为了维持公司正常运营每天必须执行的工作，例如运营消费者服务部门、运营产品设计与生产部门等。在这一部分，公司要详细介绍这些工作，向投资者清晰地展示公司的组织架构
里程碑	在这一部分，公司要向投资者阐述未来想要实现的关键里程碑，以及实现里程碑的预期时间。在阐述的过程中，公司可以为重要工作设定具体的发展目标，例如新产品研发时间、发布时间及一段新的合作关系的启动时间等

2.1.8 管理团队

管理团队主要包括三大内容：一是管理团队成员；二是管理团队空缺；三是管理董事会成员。管理团队的撰写要点如表2–6所示。

表 2–6 管理团队的撰写要点

管理团队	撰写要点
管理团队成员	这一部分主要介绍当前管理团队成员的具体情况，包括职位、职务、受教育程度、主要负责的工作、所取得的成就等
管理团队空缺	对于创业公司来说，团队中必然存在一些空缺职位，这一部分就是要阐述这些空缺职位，以及未来希望补充的角色。在介绍空缺职位时，可以阐述该职位候选人应该具备的资格与条件
管理董事会成员	如果公司设有顾问委员会或者董事会，要在这一部分介绍董事会成员及其简历

2.1.9 财务规划

财务规划主要包括四大内容：一是营业收入模型；二是财务概要；三是融资要求/资金使用；四是退出策略。财务规划的撰写要点如表2–7所示。

表 2–7　财务规划的撰写要点

财务规划	撰写要点
营业收入模型	营业收入模型主要介绍公司的收入来源，包括公司经营哪些产品、是否销售广告位、是否销售数据等副产品等
财务概要	这一部分要完整介绍公司的财务模型，在附录中展示损益表、资产负债表和现金流量表等。例如，公司未来五年的营业收入、关键费用支出以及预期净利润等
融资要求/资金使用	如果公司有融资需求，在这一部分要详细介绍融资金额以及资金用途
退出策略	如果公司要进行股权融资，在这一部分要详细介绍退出策略。如果退出策略是将公司出售，那么要详细介绍希望被哪种类型的公司收购，收购原因是什么。如有可能，可以列举几个潜在收购者

2.2　尽职调查：初创企业融资成功的关键

2.2.1　尽职调查的流程与方法

融资是初创企业发展壮大的一个重要环节。投资机构在对初创企业进行投资时，为了更全面地了解企业，会对企业开展尽职调查。初创企业的管理团队要积极配合调查，在投资机构面前展现自己最优秀的一面。

尽职调查指的是投资机构在对目标公司进行投资或收购之前，对其业务、财务、人力资源等情况进行调查，对目标公司面临的机遇以及潜在的风险做出准确判断的过程。尽职调查是投资机构投资目标企业的一个重要环节，也是其防范投资风险的重要工具。具体来看，尽职调查的六大环节如图 2–1 所示。

图 2–1　尽职调查的六大环节

◆签订前期协议

投资机构对目标企业的项目进行初审，决定投资之后，往往会要求与目标企业签署前期协议，主要包括承诺函、保密协议、投资意向书等，其中投资意向书是重中之重。投资意向书也称为投资备忘录，涵盖了此次投资的核心条款，包括目标企业的估值、投资价格、出售的股权数量、保密条款、排他性条款、业绩要求、退出条款等，虽然不具备法律效力，但重要性不言而喻。

◆发清单邮件

投资机构在开展尽职调查之前，要向目标企业发送调查清单，让目标企业提前准备资料，提高调查效率。

不同的投资机构开展尽职调查时使用的调查清单不同，即便是同一家投资机构，面对发展到不同阶段的目标企业与处在不同行业的企业，所使用的调查清单也不同。一般情况下，投资机构会向创业企业发放一份统一的调查清单，要求创业企业根据自己的实际情况提供材料。

◆阅读和分析材料

投资机构收到目标企业提交的相关材料后要认真阅读这些材料，对材料信息的真实性、完整性以及准确性进行分析，进而对目标企业的投资价值与可能面临的投资风险做出科学判断。

◆现场考察

在投资初创企业的过程中，投资机构会根据投资项目的实际情况选择不同的尽职调查方式。在现场考察的过程中，投资者会采用不同的考察方式了解企业的价值。甚至，有些投资者会亲自到生产线上体验企业的生产能力，了解员工操作的熟练程度。

在现场考察的过程中，很多投资者都非常注重与普通员工交流，有些投资者还会寻找机会与普通员工一起用餐，在轻松愉快的氛围中开展非正式交流，以尽可能全面、详细、真实地了解企业的情况。

只有经过现场考察，投资者才能对企业的资产状况、销售情况、产品及服务的研发情况、管理团队的管理水平与经营能力等做出客观、真实的了解，才能发现企业潜在的财务风险以及法律风险，才能更充分地挖掘企业的潜在价值。

总之，无论投资机构在现场考察的过程中采取什么方式，都是为了尽可能全面地获取企业信息，做出科学的投资决策，规避投资风险。

◆深度调查

深度调查的对象主要有四类，如表2–8所示。

表 2–8　深度调查的四类对象

对象	调查内容
技术专家	如果是高新技术领域的创业企业，因为产品具有一定的专业性，所以投资机构在开展尽职调查时要向专业人士请教，对产品特性及竞争优势进行全面论证
客户	投资者要与目标企业的客户交流，了解目标企业产品的优劣势，了解客户对目标企业产品与服务的满意度，以及客户对产品价格的敏感度
供应商	投资者要与目标企业的供应商交流，了解目标企业开展生产活动所需的原材料是否充足，价格水平以及价格走势，对目标企业的生产能力做出科学判断，同时可以了解目标企业的财务信用状况，是否拖欠货款等
竞争对手	投资者要与目标企业的竞争对手沟通，了解目标企业的技术研发水平、经营管理水平、市场竞争优势、市场占有率等

◆分析资料、撰写报告

调查结束后，投资者要对各个专题的尽职调查资料进行系统分析，包括问题分析与优势分析，然后将分析结果整理成报告，对目标企业做出全面、科学、合理的评估，了解企业的优劣势，对企业的投资价值进行判断，了解投资风险，为投资决策提供科学依据。

在融资过程中，创业企业要向投资者展示自己的项目，在这个过程中，创业企业具有很大的主动性，他们可以放大企业的优点，规避缺点。为了防止做出错误判断、规避投资风险，在融资后期，投资机构会开展尽职调查，主动了解企业。在这个环节，创业企业要根据投资机构提供的调查清单准备资料，积极配合。

2.2.2　尽职调查的三项主要内容

投资机构对目标企业开展尽职调查的主要目的在于全面了解企业，通过对目标企业的历史数据、业务模式、管理风险、市场风险、技术风险、资金风险、管理人员的背景等进行深入调查，对目标企业的投资价值、投资风险、投资回报率等做出科学判断。尽职调查需要投资机构与目标企业相互配合才能顺利开展，双方配合的默契程度直接决定了尽职调查的快慢。

尽职调查一般包括三大内容，分别是法律尽职调查、业务尽职调查和财务尽职调查，如图2–2所示。下面我们就从这三个方面切入，对尽职调查过程中可能出现的问题、需要注意的事项进行分析，为投资者开展尽职调查提供参考。

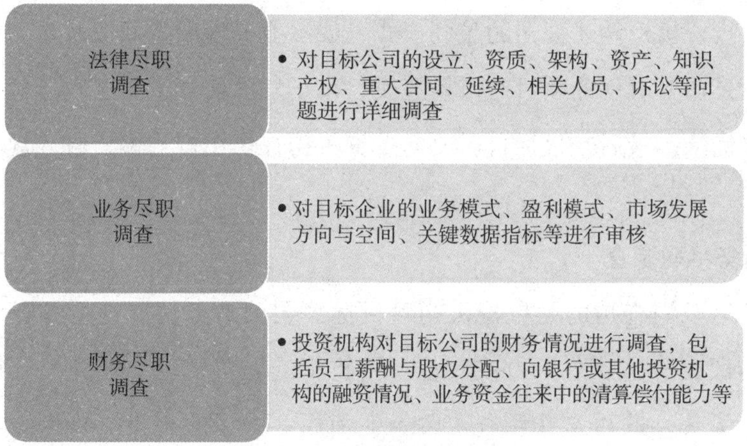

图 2–2　尽职调查的三大内容

◆法律尽职调查

法律尽职调查指的是投资机构的律师对目标公司的设立、资质、架构、资产、知识产权、重大合同、延续、相关人员、诉讼等问题进行详细调查，确保目标公司是一家合法经营、有着良好信誉、法律背景干净的公司，以免投资之后遇到法律风险。

首先，法律尽职调查要审核目标公司的基本资料，包括创始人与创始股东的详细资料，股权架构、业务模式等；其次，要审核目标公司的重大合同，包括重大项目的经营合同、股东关联协议、员工保密协议、员工与股东之间的竞争禁止协议、信贷协议、抵押协议等；最后，要审核目标公司的诉讼问题，是否存在侵权行为，例如侵犯知识产权、侵犯员工的正当权益等。如果目标公司存在这些问题，就会留下诉讼记录，调查人员要详细审核。

◆业务尽职调查

在三项尽职调查中，业务尽职调查是投资机构最关心的一项。业务尽职调查主要审核目标企业的业务模式、盈利模式、市场发展方向与空间、关键数据指标等，通过这些内容判断创业项目的市场竞争力以及投资回报率。

为了配合投资机构做好业务尽职调查，首先，目标公司要根据公司的实际情况，向投资机构阐述公司的盈利模式，展示业务发展空间以及盈利空间；其次，目标公司要对创业项目的市场规模、市场发展前景进行客观分析，阐述自己的竞争优势；最后，目标公司要向投资机构提供用户规模、收入规模、成本等数据。

◆财务尽职调查

财务尽职调查指的是投资机构对目标公司的财务情况进行调查，包括员工薪酬与股权分配、与银行或其他投资机构的融资情况、业务资金往来的清算偿付能力等，通过这些调查了解企业信用。为了配合投资机构做好财务尽职调查，目标企业要在日常经营管理的过程中做好财务管理，保证账目清晰、规范。

2.2.3　尽职调查遵循的三大原则

尽职调查可以帮投资机构全面了解目标企业，做出科学的投资决策，规避投资风险。为了让尽职调查达到更好的效果，投资企业在开展尽职调查时要遵循三大原则，如图2-3所示。

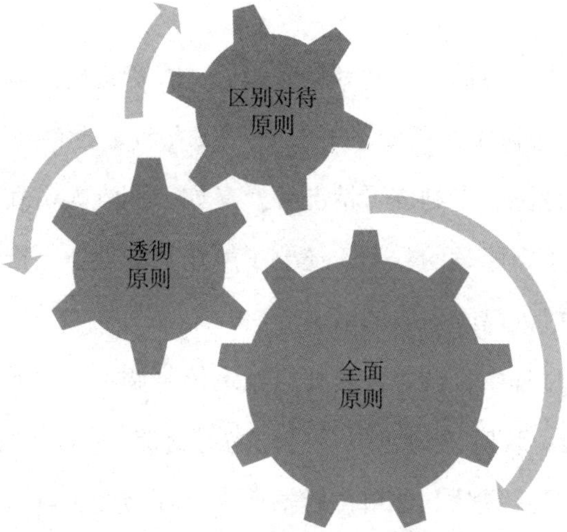

图 2-3　投资企业开展尽职调查需遵循的三大原则

◆全面原则

（1）调查内容要全面。尽职调查的主要内容如表2-9所示。

表 2-9　尽职调查的主要内容

切入角度	主要内容
企业组织	尽职调查要全面考察企业发展、股东架构、股东变更、企业内部治理结构、下属机构、关联企业、企业的合法性等内容
企业权利	尽职调查要全面考察企业所有权、用益物权、担保物权、知识产权、债权等事项
企业义务	尽职调查要全面考察银行贷款、借款、负债及正在进行或者可能面临的诉讼、仲裁或行政处罚、税收等事项
劳动人事	尽职调查要全面考察企业核心员工劳动合同的年限、员工是否与原单位存在纠纷、竞业禁止等内容
股东	尽职调查要了解股东是否从事与目标公司相似的业务，是否面临诉讼、仲裁或行政处罚，其股权是否被质押

（2）调查材料齐全。在尽职调查的过程中，投资机构的调查人员要全面收集材料。以股权结构调查为例，调查人员不仅要查阅目标公司的工商执照，还要查看目标公司的股东出资证明、出资协议、股份转让协议、股权变更、验资报告等文件，规避法律风险。

◆透彻原则

尽职调查要深入、透彻。以专利调查为例，投资机构的调查人员不仅要了解目标公司是否拥有专利权，还要了解在专利权方面是否存在纠纷、专利的有效期、专利权的地域范围、专利许可情况等。又如，调查人员在调查目标公司的应收账款时，不仅要了解账款的数额，还要了解账款的性质、产生原因、债务人的资产负债情况、债权人已经采取的措施等。

在尽职调查的过程中，调查人员要详细审核与调查事项有关的所有文件，并且要与相关当事人、政府机构、中介机构沟通交流。例如，在对核心员工进行调查时，如果核心员工是从其他单位跳槽而来，那么要了解该员工与原单位的合同关系是否已经终止，是否与原单位签署了竞业禁止协议。为了保证信息的真实性，调查人员不仅要与员工本人沟通，还要向原单位了解相关情况。

◆区别对待原则

对于创业企业，企业类型不同，所处的发展阶段不同，尽职调查的重点也应该有所差异。

从发展阶段来看，创业企业发展大致要经历四个阶段，分别是种子阶段、初创阶段、扩张阶段和成熟阶段。对于处在种子阶段和初创阶段的企业来说，尽职调查要重点关注企业的团队与技术；对于处在扩张阶段和成熟阶段的企业来说，尽职调查要重点关注企业过去的经营业绩，借此判断企业管理团队的经营能力。

企业类型不同，法律尽职调查的内容也不同。如果创业企业属于技术与产品创新型企业，法律尽职调查要重点关注企业的研发能力与知识产权问题；如果创业企业属于商业模式创新型企业，法律尽职调查要重点关注企业的运营能力与市场能力。

2.2.4 尽职调查的准备材料清单

投资人在投资之前可以根据调查清单中的内容对创业项目进行详细考察，同时，创业者也可以通过调查清单对创业项目进行审视。具体来看，投资人在投资之前要对以下内容进行调查：

◆公司结构和管理

（1）调查方式：对相关文件进行审查，约谈公司董事会、管理层、顾问。

（2）调查内容：主要包括公司组织形式、公司股权分配、董事会构成、是否卷入诉讼等，具体如表2–10所示。

表 2–10　公司结构和管理的调查内容

切入角度	主要内容
公司组织形式	公司性质（有限责任公司、合伙或者有限合伙公司），公司的组织形式是否与商业模式契合，是否有利于企业成长，组织形式是否过于复杂，如果是，要明确这种情况出现的原因
公司股权分配	创始人是否制订了退出方案，创始人的股权分配是否采用了成熟机制，是否在股权激励方面预留了充足的股份
董事会构成	公司董事会有哪些成员，董事会成员是否曾从事与企业业务相关的工作，薪酬如何分配
外部顾问	公司是否聘请了外部顾问，外部顾问对企业发展有何影响，薪酬如何
法律纠纷	公司是否卷入了诉讼案件，是否有卷入诉讼案件的风险
其他事项	公司是否取得了其他业务领域的营业执照

◆财务预测和收入来源

（1）调查方式：对公司的财务文件进行审查。

（2）审查内容：财务预测和收入来源的审查内容有很多，具体如表2–11所示。

表 2–11　财务预测和收入来源的审查内容

序号	审查内容
1	公司是否做过财务预测；财务预测内容包括运营成本、产品或服务定价、增长率、收入来源等
2	公司财务文件是否与会计准则相符
3	公司是否接受过外部审计
4	公司是否已获得实际收入，现金流何时才能正常，现金流要达到正常状态要投入多少资金
5	公司是否有过融资经历；如果有，融资金额是多少，融资前的企业估值是多少，具体的融资条款是什么
6	如果企业在之后的发展中仍需要资金，原因是什么；这些资金是否有可靠的来源；对于后续的资金需求，企业是否做出了准确预测，是否已经启动募集程序

续表

序号	审查内容
7	公司报税是否及时
8	公司负债情况、负债率如何
9	公司当前的估值与所处的发展阶段和未来的市场发展前景是否相符

◆市场评估

（1）调查方式：投资人要独自进行市场分析；要求公司提供用户意见进行参考。

（2）调查内容：市场评估的调查内容有很多，具体如表2–12所示。

表 2–12　市场评估的调查内容

序号	调查内容
1	公司的产品和服务是根据现有的市场研发的，还是根据新开辟的市场研发的；是否可以产生其他的产品或服务；是否需要创造一个新的市场；潜在市场规模有多大
2	在产品销售与推广方面，企业是否制订了完整的方案，是否有充足的人脉支持产品推广与销售，创始人中是否有专人负责产品推广与销售
3	在创业初期，企业是否选择了最适合自己的市场
4	企业是否开展过市场调研活动，企业的商业模式、财务预测、估值是否是在市场调研的基础上展开的
5	企业发展要经历四个阶段：一是概念阶段；二是筹备阶段；三是试运行阶段；四是正式运营阶段。目前企业处在哪个发展阶段
6	企业是否向市场投放了产品和服务，企业当前的用户规模及潜在的用户规模
7	投资人要了解产品或服务的销售周期、分销渠道
8	产品或服务是否具有季节性或周期性，市场是否稳定

◆公司的竞争环境

（1）调查方式：投资人要自行对竞争环境进行分析。

（2）调查内容：公司竞争环境的调查内容有很多，具体如表2–13所示。

表 2–13　公司竞争环境的调查内容

序号	调查内容
1	公司有哪些竞争对手，是否对竞争对手的具体情况做了科学评估
2	公司有哪些市场差异性；凭借这种市场差异，公司能否获得更多用户
3	公司可以通过哪些方式形成市场差异，是市场整合还是产品整合
4	企业所占市场份额，在市场上的地位如何
5	企业的市场竞争策略
6	企业是否已对市场竞争的各个环节做了详细分析

◆管理团队

（1）调查方式：约谈企业的核心员工与管理团队。

（2）调查内容：管理团队的调查内容如表2–14所示。

表 2–14　管理团队的调查内容

序号	调查内容
1	团队成员的特长与家庭背景
2	团队成员的成长经历
3	团队成员掌握的经验与技术是否互补
4	团队是否认识到了自己的不足，是否制订了解决方案，是否制订了新成员引进计划
5	关于商业模式的制定与改进，团队是否会公开讨论
6	团队成员是否是企业的投资者
7	团队成员薪酬分配方案
8	公司是否推行了期权计划？如果是，期权授予对象是谁
9	公司创始人与其他管理人员的股权分配比例

◆技术评估

（1）调查方式：自行调查，寻求专家协助。

（2）调查内容：技术评估的调查内容如表2–15所示。

表 2–15　技术评估的调查内容

序号	调查内容
1	公司技术是否存在市场需求，功能指标如何
2	技术发展同样有四个阶段，分别是概念阶段、起步阶段、测试阶段和已经发布阶段。目前技术发展处在哪个阶段
3	技术是否可用，公司是否在这方面做过调研
4	在核心知识产权保护方面，公司是否采取了有效措施；在此需要考虑另外一个问题：公司的技术是否需要知识产权保护
5	公司的竞争优势来源于市场还是知识产权，这种选择是否与企业的客观事实相符
6	在产品质量方面，企业是否制定了有效的保障措施
7	技术获取方式是专门架构还是开源代码
8	在寻找需要进行知识产权保护的技术方面，企业是否建立了完善的制度、采取了有效措施
9	企业负责开展知识产权保护的主体是谁
10	关于知识产权的归属问题，公司是否通过法律文件予以明确
11	公司是否获得了足够的知识产权
12	公司的知识产权是否引起了其他公司的注意

◆公司运营

公司运营的调查内容如表2–16所示。

表 2–16　公司运营的调查内容

序号	调查内容
1	公司的运营计划或运营纲要
2	对于可能对产品或服务运营产生影响的问题公司是否做了充分考虑
3	公司的运营计划是否对公司的成长做了全面考虑，对公司成长的预期是否与客观实际相符
4	公司的运营活动是否有违规行为，是否收到过相关通知
5	如果公司已经做了部门划分，投资人要对各部门的运营规划予以确认
6	管理层是否为运营计划的推行定期召开会议，是否会及时对运营计划进行调整
7	公司能否持续执行运营计划
8	公司的运营计划是否对当前的资金需求与未来可能的资金需求做了充分考虑
9	公司是否针对运营目标没有实现这种情况制定了补救措施，以保证产品能够按时推出，缓解企业的资金需求，根据市场反应及时做出调整

◆相关参考

（1）相关领域近期的IPO情况和其他公司的融资情况。

（2）对第三方发布的数据、文章、报告、市场分析进行研究。

（3）对有比对价值的其他公司的财务模式进行研究。

◆需要警惕的问题

（1）不现实的估值：企业估值不合理会对投资人所占股份比例造成直接影响，甚至会对后续融资造成不良影响，导致企业在下一轮融资时估值下降。

（2）复杂的融资条款：比如投资人在前几轮融资过程中享有优先权。

（3）较重的负债：投资人要警惕公司负债，以免公司用自己的钱来还债，而不是用于企业发展。

（4）市场或财务模型中缺乏关键环节预测内容。

（5）产品或服务单一。

（6）缺乏管理经验。

（7）没有聘请外部顾问，缺乏相应的指导。

2.3　融资估值：企业常见的10种估值模型

2.3.1　P/E估值法

公司估值方法可以分为两大类：一类是相对估值法，特点是采用乘法，主要包括P/E估值法、P/B估值法、EV/EBITDA估值法、PEG估值法、市销率估值法、EV/销售收入估值法、RNAV估值法；另一类是绝对估值法，使用折现方法，主要包括股利贴现模型、自由现金流模型等。

下面我们首先来分析P/E估值法。P/E（Price Earnings Ratio，市盈率）指的是股票每股市价与每股盈利的比率，可以反映市场对公司收入的预期。使用市盈率估值法对公司进行估值要考虑两方面的内容：第一，该公司预期市盈率与历史市盈率的相对变化；第二，该公司市盈率与行业平均市盈率的比较。如果某公司的市盈率比之前的年度市盈率或者行业平均市盈率高，说明市场预计该公司的未来盈利会上涨；反之，如果市盈率与行业平均市盈率持平，或者低于行业平均市盈率，说明市场预计该公司未来的盈利会下降。所以，市盈率要通过比较来分析，不能仅仅以高低来做判断。

使用市盈率估值法进行公司估值，首先要计算出被评估公司每股收益；其次根据二级市场的平均市盈率、同行业其他公司股票的市盈率、公司的实际经营状况及未来的成长空间等拟定市盈率，一般来说，非上市公司的市盈率可以按照同类上市公司的市盈率打折计算；最后将市盈率与每股收益相乘得到最终的企业估值。计算公式为：

合理股价=每股收益（Earning Per Share，EPS）×
合理的市盈率（P/E）

由上述公式可知，在其他条件不变的情况下，EPS、P/E与合理股价呈正相关关系，EPS预估的成长率越高，P/E值就越高，合理股价也就越高。反之，如果EPS预估的成长率越低，P/E值就越低，合理股价也就越低。也就是说，如果EPS的成长率没有达到预期，P/E值变小，在乘数效应下，合理股价就会大幅下降。如果EPS的成长率高于预期，P/E值变大，在乘数效应下，合理股价就会大幅上涨。市盈率并非越高越好，关键取决于净利润。如果公司的净利润只有几十万元，或者每股收益只有几分钱，在这种情况下，市盈率越高，投资风险就越大。

为了尽可能地规避风险，投资者一般会在公司的市盈率等于或者低于公司每股收益增长率的条件下进行股权投资。这就表示，如果公司每股收益增长率是10%，那么投资者最高要支付比该收益高出10倍的价格进行投资。当然，这有一个前提条件就是一家发展速度快的公司比一家发展速度慢的公司更有投资价值。在这种情况下，股权交易价格不只取决于市盈率，还取决于公司的发展空间。也就是说，一家市盈率低的公司获得的股权交易价格可能比一家市盈率高的公司获得的股权交易价格更高。

市盈率倍数法适合在比较成熟发达的证券交易市场应用，要有同类型的上市公司可以进行比较，而且市场对这些资产的定价比较合理。目前，我国证券市场仍处在发展阶段，尚不成熟，市场价格不能很好地反映公司价值。在这种环境下，使用市盈率估值法对企业进行估值可能无法得出准确结果。尤其是高科技企业，这类企业的营利性、持续经营性、整体性及风险等与传统企业存在较大差距。使用市盈率法对这些企业估值时，要考虑企业所处的发展阶段。

2.3.2 P/B估值法

市净率是根据公司资产价值估计公司股票价格，常用来对银行、保险公司等企业进行估值。使用市净率定价法进行企业估值，首先要根据审核后的每股净资产对被估值公司的每股净资产进行计算。其次根据二级市场的平均市净率、同类行业公司股票的市净率、公司的实际经营情况、公司净资产收益率等计算出拟定发行的市净率。一般来说，非上市公司的市净率可以根据同类上市公司的市净率打折计算。最后将发行市净率与每股净资产相乘得出企业的最终估值。计算公式为：

合理股价＝每股净资产 × 合理的市净率（P/B）

P/B估值法一般用来对银行、房地产、投资公司等企业进行估值，这些企业有一个共同点，即无形资产对其收入、现金流与价值创造有着重要影响，虽然其主要业务是运作大规模资产，但利润额较低，资金回笼周期较长，风险较高，拥有大量固定资产，账面价值比较稳定。

2.3.3 PEG估值法

PEG估值法可以看作P/E估值法的发展与完善，它将市盈率与企业成长率相结合，弥补了P/E估值法忽略企业动态成长的问题，计算公式为：

PEG=动态市盈率/未来三年净利润增速预测值

因为大多数公司的投资收益、营业外收益都处在动态变化状态，再加上一些公司会利用投资收益操控利润率指标。为了保证企业估值的合理性，可以用税前利润的成长率、营业利润的成长率、营收的成长率、每股收益年增长率代替净利润的增长率。

PEG估值法的重点在于对股票现价的安全性进行计算，对公司未来的盈利情况做出精准预测。如果PEG>1，股票价值可能被高估，或者市场认为公司的成长性高于市场预期；如果PEG<1，则说明股票价值被低估。一般来说，如果公司正处于成长阶段，上市后其股票PEG都会大于1，甚至会达到2，说明投资者认为这家公司未来的发展预期比较好，愿意给予其较高的估值。

因为PEG需要对企业未来3年乃至更长时间的业绩增长情况进行判断，所以很难做出准确判断。但只有当投资者对公司未来3年的业绩表现做出较为准确的预测时，PEG估值法的效果才能显现出来，否则极有可能产生反作用。除此之外，投资者不能只根据公司自身的PEG来判断其股票价值被高估还是低估。如果公司股票的PEG是10，同类企业的股票PEG是13，就说明该公司的股票价值有可能被低估。当然，投资者不能只根据PEG来判断企业估值，还要对国际市场环境、宏观经济形势、国家产业政策、行业发展状况、资本市场的阶段性热点、上市公司盈利增长的持续性、上市公司其他内部情况等因素进行综合考虑。

2.3.4 P/S估值法

P/S（Price-to-Sales Ratio，市销率）估值法可以用来确定股票相较于过去业绩的价值，或者用来确定一个市场板块或整个股票市场的相对估值。P/S值越小，企业的投资价值就越高，这意味着投资者可以用比单位营业收入更少的钱购买公司股票。

不同的市场板块的市销率往往存在较大区别，所以P/S估值法比较适合对同一市场板块或子板块的股票价值进行评估比较。而且，因为营业收入比较客观，不太受主观意志操控，所以相较于市盈率来说，市销率更具有业绩的指标性。但市销率也有缺点，就是无法反映公司整体的经营情况，因为在某些情况下，即便公司的营业收入很高，公司依然处在亏损状态。因此，投资者经常用P/S估值法对处于亏损状态的公司进行估值。

总体来看，P/S估值法的优点是销售收入稳定，不太容易发生波动；营业收入不受公司折旧、存货、非经常性支出等因素的影响，可操控性较差；收入不会出现负值，即便净利润为负也可以进行计算。基于上述优点，P/S估值法可以与P/E估值法互为补充。

P/S估值法的缺点是，无法反映公司的成本控制能力，即便成本上升、利润下降，只要不对营业收入造成影响，P/S值就不会发生改变。而且，随着公司的销售规模不断扩大，P/S值会不断下降。有的时候，企业的营业收入极高，P/S值却极低。

2.3.5　RNAV估值法

RNAV是Revaluated Net Assets Value的缩写，意思是重估净资产，计算公式为：

$$RNAV=(物业面积\times 市场均价-净负债)/总股本$$

RNAV估值法一般用来对房地产企业或拥有大量物业的公司进行估值，深受物业面积、均价和净负债等因素的影响。RNAV估值法表示的是公司现有物业按市场价出售的价值。如果投资者买下公司所有物业的支出比公司按市场价出售所有物业的费用少，就表示该公司的股票价值被低估。

RNAV估值法强调对公司各部分资产分别进行市场化的价值分析，从资产价值角度对公司的长期投资价值进行解读。公司股价与RNAV估值相比，如果出现大幅折价现象，就表示其股价被低估。如果公司的资产负债率较高，或者有较大股本，都会导致RNAV值下降。

2.3.6 DDM估值法

DDM（Dividend Discount Model，股利贴现）估值法是一种基础的绝对估值法，DCF（Discounted Cash Flow，现金流折现法）估值法就借鉴了其逻辑与算法。从理论上看，如果公司将所有自由现金流全部用于股息支付，DDM估值法与DCF估值法就不存在本质区别。但事实上，这种情况是不存在的，公司自有现金流不可能与股息等同，其原因在于：第一，公司不确定未来是否能支持较高的股息；第二，未来有继续投资的需要，公司预计未来可能发生资本支出，需保留现金以免未来出现融资困境；第三，税收因素，国外实行较高累进制的资本利得税或个人所得税；第四，信号特征，公司股息上涨说明公司的发展前景较好，公司股息下降说明公司的发展前景较差。国内的上市公司分红比例不高，分红比例与数量都不太稳定，而且这种状况将持续很长一段时间，所以DDM模型在国内基本不适用。

2.3.7 DCF估值法

DCF估值法指的是用资产未来可以产生现金流的折现值来评估资产的价值。该方法对影响公司的每一个因素都做了系统考虑，可以对公司的投资价值做出合理评估。从本质上看，DCF估值法与DDM估值法的区别主要在于用自由现金流代替股利。自由现金流指的是一个公司产生的，在满足了再投资需求之后剩下的，不会对公司可持续发展产生影响的，可以由公司资本供应者自由支配的现金。从理论上看，所有资产价格都应该与其未来的现金流折现到今天的价值相等。因此，DCF估值法适用于所有的资产估值，包括股票与债券。

2.3.8 NAV估值法

NAV估值法指的是净资产价值法，常用于地产行业估值。NAV估值法指的是假设销售价格、开发速度、折现率固定，地产企业当前储备项目的现金流折现价值去除负债之后剩下的就是净资产价值。具体来看，开发物业的净资产值=现有开发项目以及土地储备项目在未来销售过程中形成的净现金流折现值－负债；投资物业的净资产值＝当前项目净租金收入按照设定资本化率折现后的价值－负债。

NAV估值法的优势在于为企业价值设定了一个估值底线，在国内地产行业具有广泛的适用性。NAV估值法对预期价格变化、开发速度、投资人回报率等因素做了综合考虑，估值结果更加精准。NAV估值法的缺点在于只衡量企业当前有形资产的价值，忽略了品牌、管理能力、经营模式之间的差异。另外，在NAV估值法的引导下，地产企业对资本盲目崇拜，纷纷开始储备土地，形成了“储备土地—做大市值—融资—再储备土地”的行业模式。

2.3.9　EV/Sales估值法

EV/Sales（市售率）是一种公司股票估值指标，计算公式为EV/Sales= 企业价值/ 主营业务收入或股票价格与每股销售收入之比。市售率评分一般介于0~100，评分越高，股票的价值越高。市售率可以比较准确地反映创业板上市公司的潜在价值，因为在当前的市场环境中，公司所占的市场份额会在很大程度上决定其生存能力与盈利水平。作为评价上市公司股票价值的一个重要指标，市售率的基本特点如表2–17所示。

表 2–17　市售率的基本特点

基本特点	具体内涵
指标具有可比性	即便公司还没有开始盈利，或者盈利的可能性很低，但销售活动一旦发生，所获收入就是正值，因为EV/Sales值不可能为负，因此具有可比性
指标具有真实性	销售收入比较客观，不受存货、折旧、非经常性支出等因素的影响，所以不会被人为作假
指标具有持续性	面对季节变化给销售活动造成的不良影响，企业可以通过降价保证一定的销售额。这样一来，企业的销售收入就不会发生较大波动
指标具有预测性	EV/Sales可以帮助投资者发现那些虽然暂时面临困难，但发展空间与前景都很好的公司。例如，一些高科技公司，虽然目前盈利不多，甚至为负，但由于处在发展阶段，销售额增长很快，使用EV/Sales估值法可以对其发展前景做出比较准确的预测

2.3.10 EV/EBITDA估值法

税息折旧及摊销前利润（Earnings Before Interest，Taxes，Depreciation and Amortization，EBITDA），经常被用来计算企业的经营业绩。EBITDA估值法第一次被投资者广泛使用是在20世纪80年代，当时主要被用来评估公司的偿债能力。后来，EBITDA估值法逐渐被实体企业接受并使用，被用来对核电行业、酒店业、物业出租业等企业进行估值，这些企业有一个共同点就是前期投入巨大，而且需要在很长一段时间内对前期投入进行摊销。目前，EBITDA估值法备受分析师与市场评论家推崇，成为一种主流的公司估值方法。

起初，私人资本公司使用EBITDA估值法时不考虑利息、税项、折旧及摊销，而是用他们认为更精准的数字来代替，用他们惯用的税率计算方法及账务成本算法来计算。EBITDA估值法之所以要剔除摊销与折旧，主要是因为摊销中包含之前会计期间公司获得无形资产所付出的成本，不是当期的现金支出，不属于投资者关注的重点事项。折旧就是对过去资产支出的间接度量，剔除折旧更方便投资者将关注重点放到未来的资本支出，而非过去的沉没成本。

因此，EBITDA经常被用来与现金流进行比较，因为它和净收入之间的差距只在于折旧与摊销，这两项对现金流没有太大影响。但因为EBITDA没有考虑补充营运资金以及重置设备的现金需求，一些非现金项目还存在备抵坏账、计提存货减值和股票期权成本，所以其与现金流存在一定的区别，不能简单地将EBITDA与现金流对等，否则很容易导致企业误入歧途。

过去，人们经常使用EBITDA估值法对企业进行估值，作为收购兼并的定价标准。目前，EBITDA估值法多用于公司价值评估与股票定价。这里的公司价值指的不是资产价值，而是业务价值，既包括对公司盈利的估值，又包括需要承担的企业负债。公司价值指的是更加市场化、更加准确的公司价值标准，其衍生的EV/销售额、EV/EBITDA等指标可以用来对公司股票进行定价。

第3章　天使投资

3.1　运作模式：天使投资的五种主流玩法

Angel（天使）一词由希腊文“Angelos”演变而来，原指宗教生物，服役于上帝，是纯良、圣洁的象征。所以，天使投资的本意是圣洁的投资，这种投资与商业利益无关，而是为具有专门技术或独特概念的原创项目或小型初创企业的发展提供前期的资金支持。以往，天使投资多为个人投资，在股权投资行业迅速崛起的今天，为原创项目和初创企业早期发展进行的一次性前期投资均被称为“天使投资”，如此一来，天使投资也有了专业化、商业化、机构化的分类，在这个发展过程中，天使投资始终坚持原有的宗旨。

目前，天使投资包括两种：一种是广义的天使投资；另一种是狭义的天使投资。狭义的天使投资即早期出现的天使投资，这种投资与商业利润的获取无关，是以个人名义向那些拥有良好发展前景的企业或项目进行的投资；广义的天使投资的目的则是追逐商业利润，投资对象为处于初期发展阶段的某些项目，投资者在获取高收益的同时，也要承担相应的风险，这种投资是由投资机构发起的，专业化程度更高。

以投资方式来划分，天使投资模式包括五种，如表3-1所示。

表 3-1 天使投资的五大运作模式

运作模式	具体内容
自然人模式	即由个人进行的天使投资
团队模式	即由协会、联盟、俱乐部主导的天使投资，相较于前一种投资模式，团队模式能够有效扩大融资额度，延长投资时间，并发挥以往积累的投资经验
基金模式	即由机构主导参与的天使投资，这种投资更加集中
平台模式	在互联网时代，基于技术平台诞生了许多新兴企业，其发展离不开天使投资的支持
"孵化器+天使投资"模式	孵化器形式与天使投资方式的结合，能够为投资对象的发展提供场地支持及管理方面的指导

3.1.1 天使投资自然人模式

下面我们首先来分析天使投资自然人模式。参与这种模式的天使投资人包括超级天使投资人、职业性天使投资人、高科技领域内专家。

很多富有实战经验且取得显著成绩的职业经理人和创业者，会发展成为超级天使投资人，他们从事过企业管理和自我创业，手中掌握着丰富的企业发展资源，甚至亲自进行过产品研发与设计，以天使投资人的身份出现在市场上，能够给创业企业提供资金支持，并从中获取可观的收益，谋求合作，实现双方共赢。

拿出自有资金专门进行天使投资的就是职业性天使投资人，这类投资人会参与多个领域的投资活动。他们比较擅长开拓市场和商业运营，可以为初创企业的发展提供专业的经验指导与资源支持。

掌握特定领域专业技术的人就是高科技领域内专家。这类投资者未从事过企业经营，但能够及时感知并吸收该领域的新知识，还能据此对处于发展初期的企业和项目进行投资。通过参与投资，高科技领域内专家既能借助企业使自己掌握的技术在市场上亮相，又能免去自己从事企业运营的负担，节省更多时间与精力。

近年来，国内投资市场上出现了不少年轻的天使投资人，这部分投资人通常拥有良好的家庭背景，其父辈多为成就卓越的企业家。通过参与家族企业管理，他们掌握了丰富的从业经验，而且具备一定的资金实力，能够对发展前景良好的初创企业进行投资。

3.1.2　天使投资团队模式

天使投资团队模式是指以协会、联盟、俱乐部形式发起的天使投资。相较于第一种模式，天使投资团队模式的融资额度更大、投资时间更长且具备更加丰富的经验。不仅如此，天使投资团队模式还能提高投资决策效率，不必受基金存续时间的束缚。

天使投资自然人、天使投资组织采用联盟方式建立起的团体就是天使投资联盟。天使投资联盟成员就项目源等进行交流互动，公开发表对各个投资目标的意见和看法，最终依据个人风格制定决策。

在这种投资模式下，天使自然人能够获取更多信息资源，提高投资的专业性，还能避免降低投资决策的效率。对项目进行考察之后，有意向的投资人可以依据自身经验，与其他人共同参与投资，从而分担投资风险并提高投资额度。

近几年，国内一些天使投资联盟相继诞生，典型代表如中关村的天使投资联盟、天使投资俱乐部、天使投资协会等，这些天使投资联盟的发展得到了行业组织的支持与推动。

3.1.3　天使投资基金模式

天使投资自然人模式是以个人方式进行的投资，但个人投资能力毕竟有限，最终给企业提供的支持也比较小，不过这些投资人都具备一定的优势，有的人掌握了丰富的专业知识，有的人拥有丰富的人脉资源，如果这些人能够共同参与投资，就能集中发挥其优势力量。这也是机构化天使投资模式得以迅速发展的原因，天使投资基金就是其中一种。

机构化天使投资的演化过程如表3–2所示。

表 3–2　机构化天使投资的演化过程

阶段	具体内容
会员管理	投资人按照个人意愿共同组成投资机构，并共同对机构实施管理，具体包括对潜在投资目标进行调研、价值评估与分析
经理人管理	投资机构将管理工作交给专业人士，并为其提供相应的报酬，这部分资金来源于成员的会费或其他资源
投资基金管理	天使投资机构对天使投资基金进行独立管理，这部分资金为非公开权益资本基金，天使投资机构全权负责投资的前期、中期及后期的所有工作

传统模式下，天使投资由个体主导，相对分散，缺乏正规性，天使投资基金则由专业机构主导，更加集中，能够促使天使投资向正规化方向发展。这种天使投资模式能够吸引更多缺乏企业经营及管理经验、个人时间及精力有限的人参与到其中，可能成为未来天使投资发展的主流模式。

以发起人的类型为划分标准，天使投资基金可以分为三种类型，如表 3–3 所示。

表 3–3　天使投资基金的三种类型

主要类型	代表基金
拥有较高影响力的天使投资人主导成立的基金	真格天使投资基金，发起人徐小平
风险投资机构创立的天使投资基金	绿洲计划，戈壁投资成立
政府出资参股建设的天使投资基金	北京富汇天使基金，国家及当地政府的资金投入占到其总体规模的四成

对机构化天使投资的特征及其投资理念进行分析可知，这种投资方式的不足之处在于，与个人天使投资模式相比其决策效率较低，且投资强度更大，对创业者的要求更高，可能会干涉创业者的定位。

3.1.4　天使投资平台模式

在互联网及移动互联网时代，不少应用终端和平台向第三方提供接口服务，吸引了不少初创企业和创业者依托平台进行创业。典型代表如苹果 App Store吸引了不少初创企业依托该平台开发游戏或终端应用程序，并带动了更多创业者参与。

部分平台出于提高自身吸引力的目的，通过创办平台型投资基金来增加平台的价值，借助平台对拥有发展前景的初创企业进行投资，支持其项目发展。天使投资平台模式便由此诞生。

在具体投资过程中，平台基金除了给初创企业提供资金支持外，还会给平台提供资源方面的支持。实力较强的企业会成立平台创业基金，帮助特定领域的初创企业解决资金短缺问题，其中以数字新媒体产业居多，这种基金的活跃度比较高。

3.1.5 “孵化器+天使投资”模式

所谓孵化器，是指向初创企业特别是基于高科技的初创企业提供办公场所、相关设施以及人力资源方面的支持，并就企业的经营管理提供有效指导。通常情况下，孵化器坐落于科技园区中。如果孵化器本身具有较高的影响力，其孵化的企业也更容易获得天使投资人的支持。

举例来说，美国著名创业孵化器Y Combinator曾成功孵化出Airbnb、Dropbox等项目，在为初创企业提供资金支持的同时，还会为其提供经营管理方面的专业指导。我国的创新工场、联想之星孵化器也是这方面的典型代表。

孵化器与天使投资结合发展的优点如图3–1所示。

图3–1　孵化器与天使投资结合发展的优点

（1）为企业提供更多支持。“孵化器+天使投资”模式能够帮助企业提高发展速度。如果孵化器本身的资金实力并不雄厚，可以与天使投资人合作，共同为创业企业提供资金支持，充分挖掘科技企业的发展潜力。

（2）降低投资成本。孵化器会同时向多个初创企业提供支持，企业集中度比较高，在这种情况下，天使投资人可以对不同项目进行价值评估，无须自己到处寻找，从而节约时间与精力成本。不仅如此，企业只有经过孵化器的考察才能获得其支持，在这个过程中，孵化器可以掌握初创企业多方面的信息。此外，与孵化器合作，天使投资人可以从孵化器经理那里获得资源支持与帮助，提高投资的专业性。

（3）提高天使投资的安全性。天使投资需要与投资对象之间进行高效的信息互动。但因为信息不对称，需要孵化器促进两者之间的沟通，便于提高初创企业的管理能力。与此同时，孵化器能够提高创业者的素质，帮助初创企业实现更加科学、高效的经营管理，提高企业经营管理的规范性。此外，在吸引企业入驻的过程中，孵化器会对企业进行各个方面的考察，在为企业提供支持的过程中，也会对其进行考察，这种考察与天使投资机构对投资对象的考察存在许多共性。所以，孵化器与天使投资机构的结合，有利于提高天使投资的安全性。

孵化器与天使投资结合发展的方式包括两种：一种是孵化器主导投资，或者作为天使投资基金的成立人之一，体现其投资功能。国内不少民营孵化器均采用这种模式，很多孵化器也纷纷向这种模式转型。另一种是孵化器联手天使投资机构，在合作过程中，孵化器发掘项目并对其进行孵化，天使投资机构进行投资，合作双方遵循既定的利益分配机制。很多国有孵化器均采用这种模式。

3.2　操作实务：天使投资运作流程与步骤

3.2.1　Step 1：项目考察

做好项目考察是天使投资取得成功的重要基础。在考察项目的过程中，投资机构要追求高效率、低成本。目前，天使投资涉及的领域越发多元化，天使投资人个人精力相对有限，无法深入了解各个行业，给投资风险控制带来了一定的困难。下面，我们在对大量实践案例进行分析与总结的基础上，分享一些天使投资人考察项目时需要注意的技巧。

◆行业研究

在行业研究方面，天使投资人应该对重点关注的领域有整体认识。以互联网家装市场为例，该行业市场规模约4万亿元，家装流程主要包括材料采购、装修、验收等。

与此同时，天使投资人可以分析美国等成熟资本市场中的企业，对其商业模式、盈利能力、融资情况等进行分析，在提高项目筛选效率的同时，有效控制投资风险。

◆投资逻辑

在投资逻辑方面，天使投资属于风险投资的范畴，具备风险投资的一些共性，比如，出身于阿里、百度、腾讯、华为等大型企业的创业团队更容易得到天使投资人的青睐；市场要具备广阔的发展空间，能够带来高额的投资回报；项目有一定的窗口期，天使投资人可以选择合适的时间点进入，以便获得最大化的投资回报。

天使投资人每天要研究多个投资项目，很难有充足的时间分析项目涉及的整个产业链。为了快速找到合适的优质项目，投资机构可以按照普适性的投资逻辑筛选项目，从而提高项目筛选效率。但从诸多投资实践案例来看，对市场的全面把握，有助于天使投资人制定科学合理的投资决策。

◆项目寻找

在宏观经济不景气的背景下，天使投资人往往要筛选大量项目才能找到合适的项目，千里挑一甚至万里挑一是相当普遍的事情。因此，天使投资人要有足够的耐心，不能盲目追求效率而忽略质量。

移动互联网的大规模普及为天使投资人高效、低成本地筛选项目提供了有效途径。天使投资人除了可以通过社交媒体、目标公司官网、搜索引擎等渠道获取投资项目的详细信息外，还可以通过投融界等专业的第三方投融资平台获取信息。以投融界为例，天使投资人进入投融界平台后，可以点击“找项目”选项，结合“所属行业”“所在地区”“融资方式”“融资金额”等选项查找合适的项目。同时，投资机构可以参加平台举办的投资发展沙龙，与业内人士交流分享。

◆创始人

考察创始人是投资的一个重要环节，天使投资也不例外。创业企业的经营管理、商业模式、战略规划等可能尚未经过市场验证，所以，对创始人及其团队的考察，在项目考察中占据较高的权重。

在对创始人考察方面，创始人的洞察、借鉴、执行、抗压、团队建设等能力是重点考察指标。具体来看，创始人应该把握未来的发展趋势，了解一定时间内行业格局的变化，以及企业参与市场竞争需要的战略资源等。

3.2.2 Step 2：筛选评估

一般来讲，天使投资人大多偏好高科技产业，虽然投资高科技产业要面临较高的风险，但高风险意味着高收益，一旦成功就可以获得丰厚的回报。而且，天使投资人往往会选择熟悉的领域投资，以便在短时间内做出科学的投资决策，并利用自己的专业知识、积累的行业资源与经验为创业企业的成长、发展提供帮助。

在“大众创业”时代，每个行业都有很多创业项目，天使投资人在投资之前会先选择合适的项目。天使投资人选择项目的依据主要是通过各个渠道获取的商业计划书。所以，商业计划书中的信息能否说服天使投资人做出投资决策就显得异常重要。

经过初步筛选，天使投资人会选出一些有投资意向的项目，然后会对这些项目进行调查，并和创业者进行一次正式的会面，会面地点往往会选在天使投资人自己的办公室中，让创业者讲述自己的创业想法、项目开展进度、项目发展计划、资金需求等。如果时间充足，天使投资人还会要求创业者讲述自己的工作经历、创业经历、团队合作等方面的故事。当然，有的天使投资人会在一些比较轻松的场合听创业者讲述这些故事，比如吃饭时间等。

在与创业者面对面交流的过程中，天使投资人可以获得很多通过商业计划书无法获得的信息，例如创业者是否具备领导能力、创新能力，是否善于管理公司等。

对于优秀的项目，天使投资人会就投资条款与创业者进行初步商谈；对于不好的项目，天使投资人会向创业者提出一些意见与建议，给出一些中肯的评价，帮创业者调整创业方向。对于创业者来说，这些意见、建议、评价是无价之宝，要虚心倾听。如果创业者在该环节结束时拿到投资条款清单，就要开始准备迎接天使投资人或机构的尽职调查。

3.2.3 Step 3：尽职调查

天使投资人与创业者通过面对面交谈达成初步共识或协议之后，如果企业已经完成创建，天使投资人就要进行实地考察，考察内容包括企业管理团队、商业计划书、产品研发情况等。通过实地考察，投资人能对企业特色、工厂环境、企业的经营管理模式做出全面了解，还可以和管理人员、一线员工面对面交流，从侧面了解企业。如果创业者还没有创建企业，天使投资人就要对创业团队、管理团队进行全面了解，确认这个团队是否具备创业者必备的特征，以增强投资信心，做出科学的投资决策。

投资机构对初创企业的尽职调查一般要经过两个阶段：一是初步尽职调查阶段；二是详尽尽职调查阶段。具体分析如下：

◆初步尽职调查阶段

在初步尽职调查阶段，投资者的调查重点主要在业务层面，包括目标公司的市场环境、产品、服务、技术等，其目的在于判断目标公司的市场发展前景，了解目标公司的竞争优势。初创公司在尽职调查阶段应准备的材料如表3-4所示。

表 3-4　初创公司在尽职调查阶段应准备的材料

材料类型	具体内容
市场信息和资料管理	初创公司的管理团队必须明确产品及服务面向的市场，对市场发展前景有科学判断，这一点是融资成功的关键。如果公司刚刚起步，所面向的市场之前根本不存在，或者还没有发展成熟，那么创业者可以利用第一性原理，深入剖析所生产的产品或提供的服务的本质，通过最基本的数字，使用最基础的方法推算市场发展潜力
产品和服务	初创公司的管理团队要向投资者展示公司产品和服务的竞争优势。管理团队应该是最了解产品和服务的人，要对产品和服务的优点进行提炼、总结，加深投资者对产品和服务的了解

总而言之，在初步尽职调查阶段，初创企业的主要任务就是向投资者展现自己的优势，让投资者看到较高的投资回报率，增强投资者的投资信心。

◆详尽尽职调查阶段

在详尽尽职调查阶段，投资者的主要任务是对初步尽职调查的结果进行验证。如果投资机构决定对目标公司开展详尽尽职调查，就说明投资意愿已经非常强烈，融资成功的可能性非常高。在这个阶段，投资者会从法律、财务、人力资源等方面对初创公司进行调查，验证初步尽职调查结果，并对公司正在面临或者可能面临的风险进行核查。在这个阶段，为了保证调查结果的真实性，投资机构一般会自己组织调查团队，部分投资机构会从外部聘请律师或者财务专家。

投资机构或外聘团队在开展尽职调查之前，都会给目标公司发送尽职调查清单，要求目标公司按照清单内容提交相关资料。很多初创公司的管理人员看到尽职调查清单之后不知所措，因为清单内容比较繁杂，而且有些内容不太容易理解。

其实，调查清单只是投资机构想要了解的内容，目标公司按照清单提示准备相关资料即可。如果公司资料不全，或者在社保缴纳、股权代持等方面存在问题，可以如实告知。创业不易，很多投资者都能理解。在准备资料阶段，切忌伪造资料。一旦伪造资料被投资机构发现，此次融资基本就宣告结束了。因为对于投资者来说，他们看重投资回报率，但更看重目标公司管理团队的诚信。如果管理团队伪造资料，就会被打上不诚信的标签，很难获得投资。

在这个阶段，尽职调查的主要任务就是验证，验证目标公司的业务逻辑，也验证目标公司管理团队的执行力。因此，在详尽尽职调查阶段，目标公司的管理团队要积极配合，给投资者留下一个良好的印象，为成功融资提供强有力的保障。

3.2.4　Step 4：投资谈判

天使投资人与创业者的协议谈判主要集中在投资价格、团队激励、利益分配、利益保护、管理参与等方面。天使投资人的投资目标是前期投入的资金顺利退出，并获得一定的投资收益；创业者的目标是获得所需资金，启动项目，取得成功。双方利益一致，但因为信息不对称，天使投资人无法对创业者付出的努力做到全面了解，所以要设定投资条款对创业者进行激励、约束。

天使投资人与创业者要以项目所需资金及投资人对项目的估值为依据确定最终的投资金额与股权比例。天使投资经常采用分期投资方式，不会将所有资金一次性投入进去，所以双方要就每期的投资额、投资时间、投资条件达成一致协议。一般来讲，天使投资人使用的投资工具有三种，分别是普通股、可转换债券、可转换优先股。

管理参与、监督激励条款属于行业惯例，大多表现为制式条款。投资机构在开展尽职调查之前，就已经将这些内容在投资条款清单中列明，在完成尽职调查之后，这些内容无须改变。

财务投资人通常不会参与到被投资公司的经营管理之中。为了确保知情权、降低投资风险，投资机构往往会在融资谈判时设置保护性条款。这类条款往往要求投资人对公司重大事项享有知情权、否决权，以便遇到突发状况能够保证自身的合法权益。

这些条款确实有存在的价值，但如果滥用可能会给管理层的经营管理工作带来诸多阻碍，例如错失一些重大的战略机遇。解决保护性条款问题，需要管理团队和投资方进行充分沟通，对条款涉及的范围及管控力度进行限制，以免对管理层的经营管理工作造成阻碍。

3.2.5 Step 5：投后管理

天使投资人的投资风格会在很大程度上影响投后管理。例如，有的投资人要求进入董事会参与企业管理，要求创业者每周做一次工作汇报；有的投资人则没有这些要求，创业者每个季度或者每年做一次工作汇报即可。

在实际投资过程中，很多天使投资人都会参与被投资企业的管理工作。天使投资人对只需要资金的企业没有太大兴趣，他们更倾向于投资那些既需要资金，又需要建议、经验的企业。

天使投资人会对被投资企业的管理层安排提出一些意见与建议，有些投资协议明确规定投资人在重要管理层任命方面享有一票否决权，如果企业的重要管理层有人员调动要事先告知天使投资人。某些时候，天使投资人会要求被投资企业对管理层进行调整。

除此之外，在市场开发方面，天使投资人也会为创业企业提供一些帮助。一些天使投资人曾担任过管理者或企业家等角色，市场开发经验比较丰富，积累了很多人脉，可以帮创业企业做好市场开发。

天使投资人还会对创业企业的后续融资提供指导与帮助，满足企业快速扩张阶段的资金需求。天使投资人会利用自己的业务关系及过去的合作者资源帮助被投资企业完成后续融资。一般情况下，其他投资者会将优秀天使投资者投资的项目视为优质项目，在这些项目再次发起融资活动时，会吸引其他投资人或投资机构积极参与投资。

3.2.6　Step 6：资金退出

天使投资人投资初创企业的目的是获利，而不是长期经营。天使投资人退出企业表示整个天使投资过程结束。资本退出后，天使投资人可以重新选择一家企业投资，开始新一轮的资本增值活动。

天使投资人的退出方式非常多，主要包括首次公开募股（Initial Public Offering，IPO）、企业回购、并购、破产清算等。IPO可以让天使投资人获得丰厚的收益，但因为创业失败率较高，所以投资人很少以IPO的方式退出企业。

相较于IPO，投资人退出企业最常用的方式还是出售股权。采用这种方式，投资人可以以更快的速度退出企业。投资人想要退出企业，可以向行业内的大公司或相关战略投资者出售股票。如果投资人将股票售卖给企业或企业的创业者，就形成了股份回购。

如果企业经营状况不佳，天使投资人与创业者就要进行破产清算，二者都要面临较大的损失，甚至有可能血本无归。

3.3 融资攻略：快速获得天使投资的技巧

3.3.1 吸引天使投资的八大因素

很多情况下，企业的融资之路都不是一帆风顺的，经常因为不符合投资者的要求或喜好被拒绝。投资者在选择投资项目时要考虑以下问题：第一，公司所处的发展阶段；第二，公司的融资数额；第三，公司所处的地理位置。企业要想成功融资必须开展大量研究，保证自身满足天使投资人的喜好与要求。具体来看，创业企业吸引天使投资人的因素大致有八个，如图3-2所示。

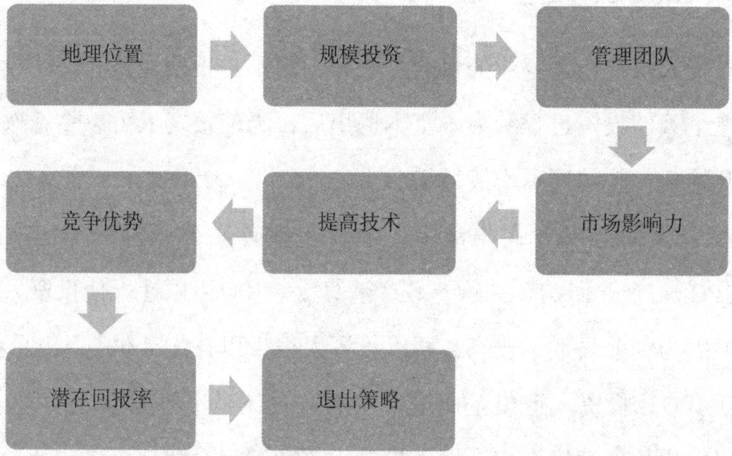

图 3-2 创业企业吸引天使投资人的八大因素

◆地理位置

一般来讲，天使投资人对本地企业情有独钟，其原因有很多：第一，投资本地企业，天使投资人可以随时前往企业进行探查，定期组织企业的管理层召开会议，跟踪自己的投资进展；第二，投资本地企业，天使投资人可以和自己信任的人合作，开展交易活动。基于此，天使投资人对当地的律师、会计师、天使投资人、商业伙伴有着较强依赖性。

◆规模投资

天使投资人喜欢投资初创企业，见证初创的小企业发展成中等企业或者大型企业，从中获得成就感。对于天使投资人来说，他们追求的就是较高的投资回报率。这些初创企业需要的启动资金、发展资金可能超过千万美元，天使投资人的投资金额往往为2.5万~50万美元，甚至会超过50万美元。

◆管理团队

企业的管理团队由创始人任命，成员固定、专业分布均衡、富有经验。有些企业管理团队的成员散落在不同的城市，只能召开电话会议或者视频会议。在这种组织模式下，团队成员因为长期不在一起工作，所以合作意识比较淡薄，不利于长期发展。相反，如果管理团队的所有成员都在一起工作，每位成员可以相互学习、互相协作。即便之前团队成员没有在一处工作，但如果公司成立之初他们就走到了一起，也可以表现出较强的执行能力。天使投资人在评估投资项目时会对这些内容进行全面考虑。

◆市场影响力

天使投资人在选择投资项目时会优先选择有经验的项目，会对产品或服务的市场需求做出有效评估。一般情况下，只有在创业项目表现出巨大的增长潜力时天使投资人才会投资。只有成长的市场才能让企业盈利，天使投资人在投资时一定要考虑企业的市场影响力。为此，企业要始终如一地为消费者提供具有独特性与竞争优势的产品和服务，满足消费者的需求，不断地扩大市场规模。

◆提高技术

一般来讲，消费者都非常喜欢技术产品与服务。近年来新技术层出不穷，所以创业者要研发出独一无二的技术产品吸引消费者购买，向天使投资人展示自己的技术实力，成功获得投资。

高级技术人员总能发现被企业忽略的利基市场，这些技术人员可能离开企业自主创业，研发一种可以解决以前工作过程中遇到的问题的技术。这种公司往往已经积累了一个成熟的消费群体，并且获取了一种新方法对用户需求进行识别，备受天使投资人喜爱。

◆竞争优势

天使投资人评判公司价值的标准之一就是企业的竞争优势。企业的竞争优势指的是即便竞争对手的产品或服务价格更低，消费者依然会选择本公司的产品或服务。企业管理者要将企业的竞争优势、产品与众不同的品质告知天使投资人，以顺利获得投资。

◆潜在回报率

对于天使投资人来说，获得投资回报是其发起投资活动的一个主要动机。虽然很多天使投资者的投资原因比较复杂，但总目标就是获得盈利。在天使投资人看来，投资初创公司的风险比较高，为了平衡风险，他们会寻求较高的收益率。

例如，某些天使投资人将年回报率定为25%，其他天使投资人确定的年投资回报率更高，如在几年到十几年间获得比投资额高出10倍的收益等。这些天使投资人并不希望在短期内获得回报，他们预期的投资回报率的均值是34%。

◆退出策略

借助退出策略，天使投资人可以在企业发展的某个时间段获得投资回报。退出策略应为天使投资人提供最佳退出时间与流动资金。对于天使投资人来说，在公司没有上市计划的前提下，企业发起收购与合并活动就是最佳的退出时机。

根据以往的经验，初创企业的融资活动经常被投资者拒绝，拒绝的原因有很多。天使投资人在评估投资项目时不仅要考虑地理位置、管理团队等要素，还要做一个简单的研究，保证初创企业的各项条件都符合天使投资人的要求。

3.3.2 天使融资前期的准备工作

在新事物层出不穷的移动互联网时代，我国掀起了创新创业热潮。在小米等企业的带动下，越来越多的人加入创业大军，试图借“互联网+”风口起飞。然而在战略性亏损大行其道的背景下，融资尤其是天使融资成为创业者及创业公司关注的重点内容。下面对创业公司的天使融资进行详细分析。

◆融资流程

融资流程包括预备期、协议期以及注资期三个阶段，如表3–5所示。

表3–5 天使融资的三个阶段

发展阶段	具体内容
预备期	在预备期，创业公司要和投资方协商出资事宜，拟定投资条款清单，并在多次谈判后正式签署投资条款清单。当创业公司进入正式运营阶段，投资方会安排专业人员对其进行尽职调查，调查结果符合预期后再拟定并签署正式的投资法律文件
协议期	投资机构对投资法律文件进行审理，得到股东大会同意后决定正式投资
注资期	创业公司创建验资账户，投资方汇款，然后创业公司携带银行出具的股东缴款单等文件前往会计师事务所处理验资陈说，之后再变更工商登记。事实上，几乎所有的融资都要遵循这个流程

◆融资时间节点选择

每一次融资都意味着股权要被不同程度地稀释。在发展初期，公司的各项潜能没有得到充分发挥，融资时估值较低，需要付出较多的股权才能获取后期同等额度的发展资金。如果公司处于种子期，因为10万元或20万元牺牲10%的股份并非明智之举。尤其是那些有一定工作经历的创业者，在工作过程中往往积累了一定的资本。他们可能因为担心风险不愿意拿出个人积蓄，而诸多实践案例证明，担忧风险的创业者很难取得成功。

如果创业公司的商业模式得到了验证，发展前景比较广阔，会有一些投资机构主动上门寻求合作，估值较为客观公正，可以在不牺牲大量股权的情况下获得足够的发展资金。饿了么创始人张旭豪在分享创业融资经验时表示，越早融资公司股份会被越早稀释，先打造商业模式，取得了一定的经营业绩和市场领先优势后再融资是更为可行的方案。

◆融资前的准备工作

创业者首先应该明确公司的发展定位与方向，秉着全面客观、公开透明的原则向投资者展现公司的真实情况，方便投资人在短时间内进行科学有效的评估。在进行天使融资之前，创业团队应该做好准备工作，具体如表3–6所示。

表 3–6　天使融资的前期准备工作

准备工作	具体内容
项目实施原因	描述自己发现的商机，清晰表达该项目的市场规模及未来走向，分析其对应的用户需求与行业痛点、当下产品及服务存在的不足等，将创业项目的发展潜力充分展现出来。在这个过程中，创业者需要发挥自己的逻辑推理能力，展现自己敏锐的洞察力
项目实施团队	展现团队经验、团队成员能力的互补性、成员经历及所取得的成就、团队与当前项目的契合度、现阶段股权分配机制、有关期权计划问题的打算等。通过这些信息，投资人能够对团队能力做出科学评估
运营模式	介绍产品、商业模式及团队采用的盈利模式，展示创业项目的可行性
竞争情况	同领域存在哪些竞争者，分析不同企业的优势及特点，自身的竞争优势体现在哪里
运营情况	企业当前的运营数据，斩获的成绩。只有在小市场发展良好，才有可能进行更大范围的市场扩张
后续计划	企业未来的发展计划、目标制定、业绩走向，未来不同时段的具体计划，企业将进入哪些市场，锁定哪类用户群体，获取哪些核心资源，致力于达到怎样的发展水平。在向投资人表明自己拥有宏大志向的同时，能够切实投身实践之中
融资计划	企业融资规模、估值预测、股份出让计划。融资计划能够展示企业管理者的财务规划能力，体现企业对资本的态度

3.3.3　如何选择合适的天使投资

人是投资机构首先关注的要素，具体包括创始人给其留下了怎样的印象、是不是喜欢该行业、有没有足够的管理运营能力、创业团队建设情况等。如果创始人在以下方面出现问题，会降低投资机构的投资意愿：

- 存在失德、失信、贪婪、动机不纯等人品缺陷。

- 存在缺乏专注性、人格魅力、自律性等性情缺陷。
- 过分注重短期利益，斤斤计较，没有创业热情等。
- 兼职创业，对市场前景盲目乐观等。

创业者应该对投资者进行考察，从中选择适合自己的天使投资人，了解投资方的背景。不同投资机构的专业程度不同，要选择信誉度高、形象好的投资方，还要对投资机构聚焦的行业特性进行分析，选出符合企业特征的投资者。

以企业的创业项目为参考，制定适合该项目的投资机构、投资人名录，在此基础上与这些投资方取得联系。企业融资不仅要面向风险投资机构，还要向创始人的朋友、同事，公司的供应商、客户等开放，从多个渠道获得资金支持。

如果投资人明确回绝了创业公司的融资请求，切勿死缠烂打，以免在投资人心目中留下负面印象，影响未来的融资空间。当然，创业企业可以寻找中间人，帮助双方进行沟通协调，提高融资的成功率。

投资人主要包括两大类：一是财务投资人；二是战略投资人。财务投资人相对较多，其投资目的是追求利润最大化。投资人低价购买股份后，在后期股价上涨时以较高的价格卖出赚取差价，从而获得收益。

有些投资人主动上门寻求合作，如果创业公司恰好需要融资，双方成功合作的概率会显著提升，但此时投资人可能不会给创业公司一个公平的报价，或者在合同中设立存在歧义的条款。如果创业公司盲目签约，很容易给未来发展埋下隐患。

投资人能够为创业公司提供的不仅是资金方面的支持，他们还能在组织架构、商业模式、运营管理等方面提供有效的指导与帮助。在合作共赢、共创共享的时代主旋律下，越来越多的天使投资机构转变为面向创业者及创业公司的增值服务组织。

例如，互联网巨头在出行、文娱、健康等领域的投资中，有相当比例属于战略投资，它们投资目标公司的主要目的是将目标公司发展为长期的合作伙伴，通过与其合作完善生态闭环，虽然可能无法直接创造价值，但可以反哺其他业务，双方互惠互利，合作共赢。

商场如战场，投资人终究还是为了自身利益才选择投资创业公司，大部分天使投资人在创业公司发展到A轮、B轮时就会退出，因为此时投资回报率已经达到了较高水平，退出后可以获得数倍投资回报，没必要继续冒险。

在融资过程中，创业公司应该和投资人保持密切沟通与交流，开展多轮谈判，并且争取和投资机构中较高层次的投资人谈判，保障创业公司利益，获得更多资源支持，但要注意保护公司的商业机密。如果在融资谈判过程中，创业公司的负责人无意间将商业机密透露给投资人，再由投资人透露给竞争对手，就会导致自身产品战略受到较大负面影响，这一点值得每一个创业公司高度重视。

3.3.4 确定公司的融资额与估值

很多创业公司比较看重公司估值及融资额，对出资条款一知半解。在有资深管理运营经验的人看来十分严苛的条款甚至是卖身性质的条款，创业公司因为缺乏经验可能根本不会发现，后期发现时则为时已晚。由此可见，融资条款的重要性比估值及融资额重要得多。

许多初创企业的融资估值较高，为了支撑起这个估值，后期就需要加倍努力提高自身业绩，在这种情况下，团队会将更多注意力放在业绩提升方面，不注重对商业模式的探索。企业成立初期，无须过于关注融资额，而是应该抓紧时间筹集资金，用于后续的经营发展及股权结构的优化。创业企业初期以保守方式进行估值，可以提高融资效率，便于后期吸引更多投资者，进而提升自身估值。

融资额并不是越高越好，应该与自身发展需要相结合，毕竟融资要以稀释股权为代价。如果融资后资金得不到充分利用，不仅浪费资源，而且也会损害原有股东及创业团队的未来收益。那么，创业企业如何合理制定融资额呢？

首先，创业公司要考虑经过多久会进入下一轮融资。一般说来，从天使轮到A轮的间隔在一年左右，不过如今很多互联网创业公司将这一时间缩短为半年。假设在这一年或半年时间里，补贴用户、发送优惠券、投放广告、维持公司日常运转等需要300万元，创业公司将融资额定为400万元为佳，因为还需要留出部分资金用于应对各种突发状况。

估值方式并非固定不变的，对于很多互联网创业公司来说，自身需要多少钱，就让投资人投资多少钱，并提供给投资人相应的股份是最简单有效的估值方式。同时，结合国内国际市场中的同类竞品对创业公司进行估值也是常用的估值方法。

估值分为两类：一类是投前估值；另一类是投后估值。假设某个项目投资人以300万元的代价获得了10%的股权，那么，该项目投后估值为3000万元，而投前估值为2700万元（3000万元减300万元）。

所以，创业公司在融资时要向投资人确认其给出的估值是投前估值还是投后估值。例如，在上述案例中，如果投前估值为3000万元，那么，投资人的持股比例就约为9.1%（300万元除以3300万元）。在稀释股权份额方面，天使轮创业公司出资所占的股权份额通常在10%~20%。

3.3.5　融资条款清单与增资协议

对于天使轮融资的出资条款，西方发达国家经过创业公司与投资方的长期博弈，能够有效明确双方权责。著名投资人徐小平在分析融资条款时强调，天使轮融资条款应该追求精简，明确出资额、股权份额等较为重要的内容即可。表面上看，在天使轮，投资人虽然投资的是项目，但其本质在于投资人，为了让创业公司充分发挥其活力与创造力不应该对其进行过多约束。对创业公司进行引导与约束应该是A轮、B轮投资者的事务。

然而现阶段，国内市场中的出资协议内容详尽，经常多达十几页，很多条款直接引用西方国家的条款，并且翻译质量不佳，晦涩难懂，不能很好地适应创业公司的发展需要。天使轮阶段的融资条款应该具有针对性、适应性，能够为创业公司的发展壮大提供强有力的支持。

◆条款清单

条款清单以三页内容为佳，其具体条款主要涵盖的内容如表3–7所示。

表 3–7　天使融资条款清单主要内容

序号	主要内容
1	对签约主体及签署人背景进行详细介绍
2	明确创业公司估值及增资意向
3	创始人与公司陈说与承诺
4	股权分配及退出机制
5	无论创业公司是否成功，投资方可以获得优先清算权
6	即便创业失败，当5年内创始人再创业时，投资方享有出资优先权
7	对创业公司管理结构进行调整，投资方一名成员加入公司董事会，并享有一票否决权
8	拿出10%~20%的股权进行股权激励，让公司引进更多优秀人才，激发创业团队的潜能，帮助企业实现利润最大化
9	要求创始人及其团队全职工作，双方对合同事宜及公司机密保密，以及排他条款

◆增资协议

（1）增资方法。例如公司注册资金为100万元，投后估值为2000万元，投资方投资400万元，那么其持股比例应该为20%。然而走工商流程时，仅对注册本金进行认证，在这种情况下要如何让400万元的投资额进入创业公司呢？解决方法为将400万元分为两个部分，其一是增资本金，其二是股权溢价款，将股权溢价款纳入创业公司的本金公积金之中。

计算增资本金时，因为创业公司为投资方提供20%的股权，代表着创业公司原有的注册本金在融资完成后应该占据80%的股份，也就是说，本金100万元除以80%等于125万元，即增资后共计125万元。所以，在投资方投资的400

万元中，有25万元作为增资本金，股权溢价为375万元，纳入公司本金公积金中。

（2）持股份额。明确融资前后创始人、原有股东及投资方的股权份额变化。

（3）创业公司和投资方权责。创业公司决策应该由所有股东共同参与，投资后要前往工商部门进行登记，对公司章程进行修改。

（4）各方陈说及承诺，包括公司股东在公司发展过程中发挥的作用、清晰明确的股权结构（是否存在代持，存在时要予以明确，不能出现争议）、与核心员工签署竞业禁止协议以及约定保密和不竞争义务、明确创业公司债款、创业公司不存在知识产权纠纷等产业风险、承诺协议条款真实性、合法经营（比如金融、影视等特殊行业的经营资质等）、依法纳税等。

3.3.6　融资协议的十二大核心条款

尽职调查结束，投资人获得满意的结论后，将进入股权投资的实施阶段，与被投资公司及其股东签署正式的投资协议，作为约束投融资双方的核心法律文件。下面我们从法律维度剖析投资协议中常见的十二大核心条款，包括优先分红权条款、优先清算权条款、强制拖售权条款、反稀释条款等。

（1）股权回购。很多时候，创业公司发展到一定阶段后会逐年以约定价格回购股东持有的股权，如果因为股东自身问题（比如离职、重大过错、身体出现问题等）导致无法按照正常程序回购股权，要将其股权强制性地转让给创始人或投资方。

（2）股权转让约束。在创业公司初次发行股票前，投资方不能随意采用典当、转让、赠与等方式转让股权。

（3）优先购买权。在公司IPO前，当创始人想要转让持有的公司股份时，投资方享受优先购买权。

（4）共同出售权。投资方可以按出资比例与初始股东一起向第三方转让股票。

（5）优先认购权。和优先购买权不同的是，优先认购权指的是创业公司进行下一轮融资（比如A轮）时，天使轮投资方可以按照同等条件优先认购一定比例的股权。

（6）清算优先权。触发清算条款的情况包括三类：一是公司破产倒闭；二是公司出售、转让核心资产；三是由于股权转让导致第三方获得了超过50%的公司股权。

例如，公司触发清算条款后，其净资产仅有1000万元，天使投资人在天使轮以500万元获得了20%的股权，如果从股权份额看，天使投资人仅能拿走100万元，这显然是不公平的。如果天使投资人享有优先清算权，就可以按照约定优先拿走出资额120%也就是600万元的现金，然后再根据股权份额从余下的400万元中拿走80万元，最终获得680万元。当然，这对投资方来说是一种较为理想的状况。很多时候创业公司破产，净资产所剩无几，根本无力偿还投资方投资本金，更不用说让投资机构获得一定的投资回报了。

互联网创业项目以净资产为主，如果项目投后估值为3000万元，则投资方以300万元获得10%的股权。创业公司不久后因跨界巨头价格战被迫倒闭，如果仅按照股权比例清算，投资人仅能获得30万元，而创始人却可以获得270万元，显然非常不公平。如果创业公司以2000万元的估值被收购，按照股权比例清算，投资方仅能获得200万元。不过，如果按照双方约定的120%的比例清算，然后投资机构再按照股权份额参与分配，可能会导致创始人团队心理不平衡。为了解决这一问题，可以在投资协议中对投资方回款金额进行限制。

（7）优先出资权。天使投资是投资人。在某些情况下，创业项目失败并不一定是创始人能力不足导致的，可能是行业政策、宏观经济形势变化等外部因素引起的。创始人创业失败后可能很快重整旗鼓，享受优先出资权的投资方可以以同等条件优先投资创始人创建的新公司。

（8）信息权。投资方对企业的经营状况、财务情况等享有知情权，创业企业每个月要向投资方提交月财务报表，以便投资方对创业公司的经营管理进行一定的约束。

（9）公司管理。种子期投资方可能不会获得董事席位，但天使轮以及后续的A轮、B轮等投资方通常要获得董事席位，以便参与公司管理。

（10）保护性条款。例如当创业公司实施某些可能损害投资人利益的策略时，必须得到投资人的同意。

（11）全职作业、竞业制止和制止劝诱。创始人要全职创业，尽最大努力地保障股东权益，如果创始人出于各种原因离职，自离职之日起的一段时间（通常是18个月）内不得到原公司中挖人。

（12）保密条款。对项目估值、融资额等重要信息，创业公司要和投资方保持一致，遵守保密协议，因为当双方信息不一致时会招致外界的质疑，影响公司形象，不利于下一轮融资的开展。

第4章 VC融资

4.1 风险投资：运作流程与融资操作指引

4.1.1 风险投资的概念与主要特点

目前，创新经济已经成为全球经济的重要组成部分，高新技术产业的发展潜力逐渐显露出来。风险投资能够为高科技领域的创业公司提供融资支持，其价值逐渐得到了企业及相关从业者的认可。除此之外，我国不少地方政府也开始利用风险投资促进当地的经济及技术发展。但在现阶段，国内风险投资的发展尚处于探索阶段，创新创投企业应该正确认识我国风险投资领域存在的不足，了解风险投资的运行机制，及时优化公司的内部治理结构。

◆风险投资的概念

风险投资指的是投资者选择发展潜力较大、呈现蓬勃发展之势且尚未上市的高科技企业，在一段时间内为其提供资金支持与增值服务，促进企业加速发展，在几年之后利用公司上市的机会，或者通过出售或回购方式退出投资机制，并从中获得可观报酬。

依据经济合作与发展组织（Organization for Economic Co-operation and Development，OECD）的定义，创业投资是投资活动的一种，是指投资者对发展前景广阔的初创企业进行投资。通过专业人才的运营，风险投资能够推动企业将高新技术推向市场，促使初创企业向良好方向发展，并带给投资者丰厚的报酬。风险投资由投资者和创业者共同分享利益、承担风险。

在50多年的发展过程中，风险投资为高新技术产业的发展提供了强劲的推动力，在经济发展中占据着重要地位。放眼全球，超过九成的风险投资产业被美国、英国、日本、德国等发达国家所占据，相对而言，国内的风险投资产业距离发展成熟还有很长的一段路要走。

◆风险投资的主要特点

关于风险投资的定义，不同研究者的侧重点各不相同，但能够从其定义中总结出风险投资的主要特点，如表4–1所示。

表4–1 风险投资的五大特点

特点	具体内容
控股权掌握在管理层手中	将资金转换为公司股权对企业进行投资，通常情况下，投资者持有15%~20%的企业股份，公司控股权掌握在管理层手中
持续时间长	风险投资通常会持续数年甚至更长的时间，待企业在投资者的支持下获得快速成长时，投资者手中的股权会增值，这时投资者可以通过转让股票的方式盈利
高风险、高收益	风险投资是一种高风险、高收益的投资方式，企业的市场与技术因素在发展过程中的变动性较大，这种投资通常由专业人员运作
项目选择比较专业	选择风险投资项目时，投资者会遵循一定的程序，并发挥其专业能力。以高科技为基础的企业是风险投资机构的主要选择，但这并不意味着其他类型的企业就会被风险投资排除在外
风险投资双方要实现深度合作	投资者与融资企业要达成深度合作，投资者会在企业决策中发挥作用，为企业日常经营管理提供指导，推动企业发展

4.1.2 风险投资运作过程的四个阶段

风险投资的运作通常要经历如下环节：筹措足够资金后创办投资机构，分析选择投资项目，对项目进行估值并与企业管理层谈判，投资签约，投资者进行投资并参与企业的管理决策，通过股权转让等方式获利并退出风险投资。

◆风险资金的筹措

在整个风险投资过程中，筹措风险资金是非常关键的一环。近几年，风险投资行业吸引了很多人参与。因为风险投资需要承担较高的风险，企业的融资弹性也比较大，民间资本成为风险投资的主要来源。

◆掌握资金的投向

资本能够为经济发展提供有力的支撑。投资者在利益的驱使下会及时关注市场发展趋势，快速获取并分析经济发展的动态信息，重点关注那些能够创新社会结构、经济结构、人类生活方式的高科技力量，在进行估值判断后进行投资。

◆项目选择与管理

在风险投资中，最重要的是选择投资对象。通常情况下，风险投资锁定的是初创企业，在进行筛选的过程中，投资者会对创业者的素质能力、企业的市场发展前景、企业的战略方向、未来的发展潜力等进行评估。也就是说，风险投资者要立足长远，及时感知市场变化，从中寻找投资机遇。

企业在发展过程中必定面临各种各样的风险，很多风险是无法预测的，但有一定的规律可循。要想从容应对风险，企业就要具备足够的风险管理能力，在风险出现时做出迅速反应，调动相关资源进行针对性处理，具体措施如表4–2所示。

表 4–2　企业应对投资风险的四大举措

具体措施	主要内容
风险企业治理结构的建立与完善	企业的组织制度各有特点，这决定了不同企业在收益方面存在着明显区别。明确的产权制度是企业健康发展的前提和基础，从这个角度来看，风险企业在运营过程中要注重产权问题
风险企业的发展战略	竞争、运筹是风险企业发展战略的核心组成部分。竞争能够促使企业不断优化自身的经营管理，运筹能够帮助企业制订有效的发展计划，合理调度、安排内部优势资源，抓住科技变革的良好机遇，及时应对外部环境的变化，提高自身的优势力量
风险投资的管理监控	投资者会参与到企业的经营管理过程中，深入了解、把握企业的发展情况，并实施有效的监督，据此提高企业的风险管理能力，提高风险投资的安全性
风险企业的运行管理	通过对企业的产品研发、业务发展、人力资源、财务状况、信息流通、形象建设及组织内部的控制工作进行管理，提高企业整体运行管理效率

◆风险投资的退出

经过一段时间的资本运作后，风险投资机构会选择退出，即便企业正处于上升状态。在这个环节中，投资者要注重资本退出方式及时机，方式选择不当，或者时机不对，都会导致风险投资失败。具体退出方式如利用公司上市退出、进行股权转让或回购、破产清算等。

4.1.3 初创企业股权融资的六大步骤

种子轮或天使轮融资是初创企业发展历程中的一个重要里程碑，成功完成融资意味着创业项目得到了资本市场的认可与肯定，不仅可以获得充足的资金，而且可以提高企业的曝光率，获得自信心。目前，创业融资已经形成了一套标准化的流程与程序，具体如图4-1所示。

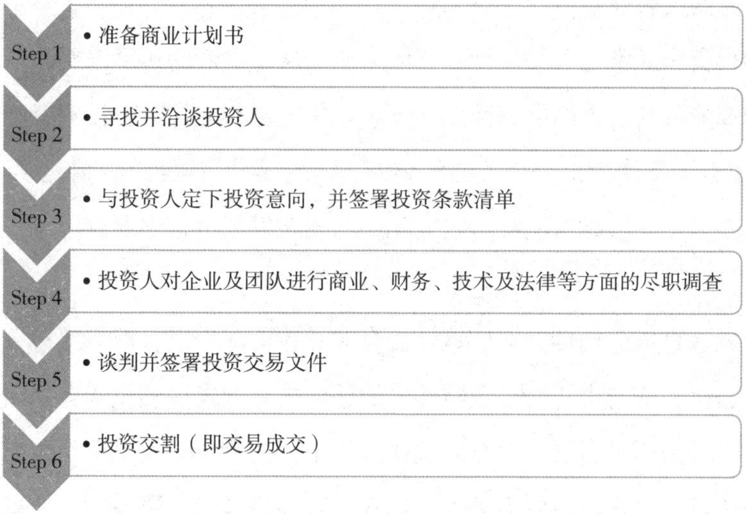

图4-1 初创企业股权融资的六大步骤

◆Step 1：准备商业计划书

商业计划书是企业为达到融资目的制定的书面文件，用以展示企业目前的发展状况、未来发展潜力等，是企业能否融资成功的关键因素。投资者能够根据商业计划书对投资项目的价值进行科学判断，据此制定最终的投资决策。从根本上说，企业制定的商业计划书主要是面向投资者的，在谈判过程中，双方可以依据商业计划书共同商讨合作细节，针对具体问题提出解决方案。

商业计划书是投资人筛选投资项目时首先要了解的资料，它可以让投资人对融资企业形成初步印象，甚至直接影响投资人是否决定拿出一定的时间与精力对该项目进行研究。所以，初创企业对于商业计划书要给予高度重视，在商业计划书中明确展现出投资人关心的商业模式、未来前景、创业团队等信息。

◆ Step 2：寻找并洽谈投资人

制作完商业计划书后，初创企业要通过熟人推荐或者发送电子邮件等形式将商业计划书呈现在投资人面前。当然，部分投资机构为了寻找优秀的创业项目会举办“融资路演”“创业大赛”等活动，初创企业可以通过参加活动，向投资机构展现自身的发展前景。

风险投资家通常比较关注创业者的素质。从投资者的角度来看，风险资本支持的是创业者及其初创团队，因此在对企业价值进行评估时，投资者会重点关注“人”的要素。具体来讲，企业的领导人、运营团队应该拥有创新思维，具备凝聚力及向心力，能够敏锐洞察市场变化，即便在发展过程中遇到困难，也能够坚持不懈。

对于风险投资，初创企业应该从自身的具体情况出发，对风险投资机构与投资者进行分析，筛选出符合企业特性、能够促进企业发展的投资者，而不是被动地等待投资者来选择自己。在具体选择过程中，初创企业应该重点研究不同投资者的投资协议，结合自身发展需求，寻找可行性较强的投资方案，并确保在方案实施过程中企业能够充分挖掘自身的发展潜力。

◆ Step 3：与投资人定下投资意向，并签署投资条款清单

投资人往往要对创业企业进行一番了解后，才决定是否投资。初创企业在与投资机构对接的过程中，要进一步向投资人介绍企业的组织架构、商业模式、业务流程等，让投资人得到满意的答案后，双方就可以签订投资意向及投资条款清单。此时，初创企业会受到排他期的约束。在排他期以内，创业企业不能和其他投资人及机构探讨融资合作，更不能接受其他投资人及机构的投资。

需要注意的是，投资条款清单会对公司估值、股权比例、投资额度、投资者权益、员工股权激励比例及来源等关键条款进行明确，是投资文件的重要参考。也就是说，投资条款清单对投资人与创业公司以及原始股东之间的权利与责任进行了明确，会对创业企业的后续发展产生重大影响，所以，投资人需要像处理投资交易文件一般来处理投资条款清单。

◆ Step 4：投资人对企业及团队进行商业、财务、技术及法律等方面的尽职调查

投资人和创业公司签订投资条款清单后，会寻找与之合作的或者公司内部的技术、商业、财务、法律等专业人士，对创业公司进行全方位的尽职调查。调查结果会被上报给投资机构的“投资决策委员会”，由委员会共同决定是否投资该公司。

在尽职调查环节，由于创业公司成立的时间较短，几乎没有负面评论、公关危机等负面信息，当创业公司的创业团队、商业模式、业务流程等和调查预期差别较小时，融资成功率会比较高。

◆ Step 5：谈判并签署投资交易文件

投资委员会对调查结果满意后，投资人将会与创业公司签署具有法律效力的投资交易文件。事实上，很多投资项目的投资谈判及投资交易文件拟定都是与投资调查同步进行的，创业公司和投资机构的律师会在整个过程中扮演主导性角色。

◆ Step 6：投资交割（即交易成交）

创业公司和投资机构签订投资交易文件后，创业公司需要在一定时间内完成文件中的交易先决条件（有时为了加快创业公司发展速度，投资机构会免除部分条件），才能进入投资机构向创业公司提供资金、创业公司向投资机构提供股权的投资交割流程。此外，部分投资项目可能会在签约或交割完成前重组或重新搭建创业公司的结构与业务。

4.1.4 准独角兽企业融资的四大法则

所谓准独角兽企业，是指估值在1亿美元以上，发展速度快，相对稀少，有希望在较短时期（3年）内成长为独角兽公司的企业。通常来说，准独角兽企业未来会呈现出快速发展趋势，这个阶段的企业发展有赖于资本的支持。从融资角度来分析，企业纵然拥有广阔的前景，在融资方面也要理性对待，不能违背四个法则（见图4–2）。

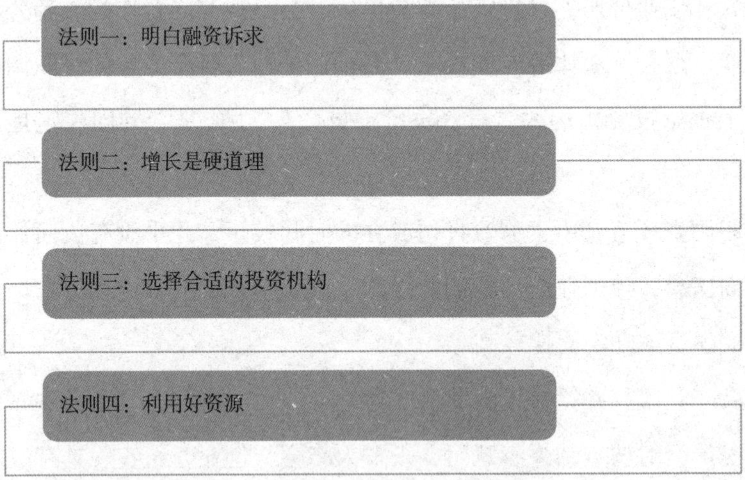

图 4–2　准独角兽企业融资的四大法则

◆法则一：明白融资诉求

企业所处的发展阶段不同，融资需求也存在明显区别。举例来说，进行天使融资时，企业正着力研发产品，通过融资来支持产品研发，并为取得成就的团队提供奖励；进行Pre–A轮融资时，企业完成了产品模型，需要进行市场检验，在这个阶段，企业通过融资支持市场检验，保持内部的正常运转。

产品及发展模式都经过了市场检验的准独角兽企业，想要获得进一步发展，就要迅速向市场出击，打造自身的优势壁垒，依靠资本力量抢占市场先机。所以，准独角兽企业在融资过程中，应该选择影响力较大、投资经验比较丰富的投资机构，借助其知名度吸引更多投资，树立良好的形象，为后期上市打下基础。此外，企业还可以借助投资机构的产业资源推动自身发展。

◆法则二：增长是硬道理

准独角兽企业的产品及商业模式通过了市场检验，企业在经营过程中产生了流水数据，投资者在评估企业价值时会重点考察其数据发展情况，所以准独角兽企业在融资过程中也不能忽视数据增长。

以公司收入规模和成本比例为标准来分析，企业的数据增长包括四种类型，如图4-3所示。

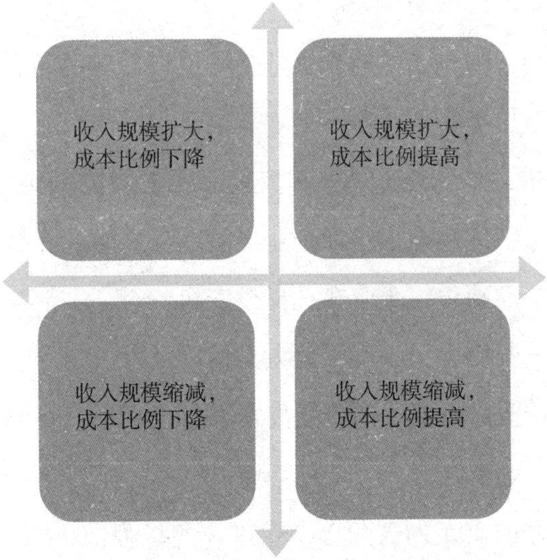

图4-3　企业数据增长的四种类型

其中，第一种公司，即收入规模扩大而成本比例下降的企业，会吸引众多投资机构的目光。第四种公司，即收入规模保持原状甚至缩减，成本比例却持续提高的公司，如果始终保持现有的业务增长模式，则很难获得投资机构的青睐。

对于第二种公司，即收入规模扩大、成本比例提高的企业，以及第三种公司，即收入规模缩减、成本比例下降的企业，投资机构在选择时会考虑诸多因素。在这两者之间，第二种公司更容易得到投资者的青睐，因为其收入规模是扩大的。从这个角度来说，企业想要吸引知名投资机构的目光，就要采取有效措施不断扩大业务规模，提升收入。

◆法则三：选择合适的投资机构

准独角兽企业筹集资金的目的是迅速扩大业务规模，在此基础上进行下一轮融资，为公司上市打下良好的基础。为了获得品牌背书，获得资源支持，一些准独角兽企业更倾向于选择三大互联网巨头、华为或者外资机构。这些企业以为只要能够得到华为、阿里巴巴、百度等企业的资金支持，就能成为其生态体系的组成部分，能够获得更多资源和渠道。一些准独角兽企业甚至为此降价出让股份，事实情况却与这些公司的预期相去甚远。

以阿里巴巴为例，阿里巴巴的投资部与阿里巴巴本身是有区别的，即便企业与阿里巴巴投资部取得了联系，也不代表就能获得阿里巴巴业务部、渠道部的支持。尽管投资方承诺会给企业提供资源支持，但最终能否实现并不确定。此外，投资方通常会设置严格的标准，增加企业风险，导致企业在后续融资过程中难以掌握主动权。所以，准独角兽企业在选择投资机构时，不能只关注投资者的知名度或者一味地选择外资机构，应该根据自身情况及发展需求，选择能够给自己提供资源支持、帮助企业进行模式创新的投资方。

◆法则四：利用好资源

准独角兽企业在向真正的独角兽企业进军的过程中，要不断扩大业务规模，这个过程需要资源支持。因此，准独角兽企业与投资机构达成合作关系后，应该积极捕捉投资者的时间，争取得到投资方的资源支持。投资人的时间比较分散，不会主动给企业介绍资源，所以企业要主动联系投资人，积极与投资人交流互动。

投资机构能够促进企业改革原有的模式，为其提供资源支持，提高企业在产业链中的地位。但很多知名投资机构同时投资多家企业，无法同时顾及所有公司、所有项目，会在对企业进行价值评估的基础上决定投资次序。因此，准独角兽企业要积极与投资人沟通，争取得到投资人的关注，获得自身发展所需的资源。

4.1.5 我国风险投资存在的主要问题

我国风险投资行业的发展起步较晚，在快速发展过程中难免遇到一些问题（见图4–4），下面对风险投资的主要问题进行详细分析。

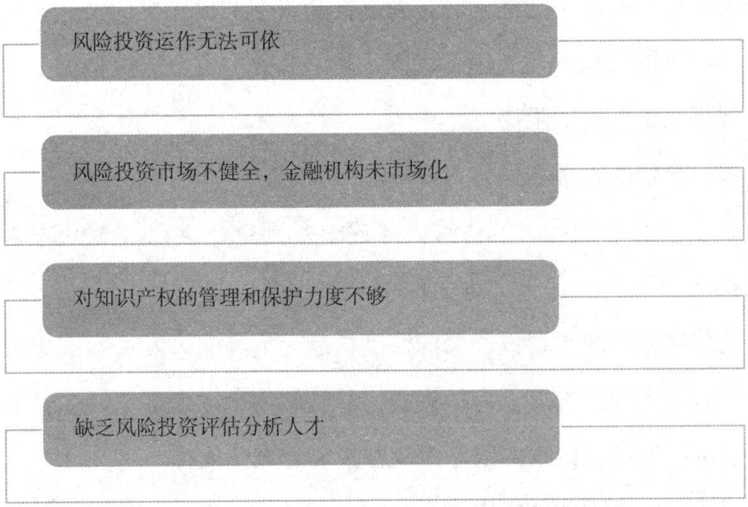

图 4–4 我国风险投资存在的四大问题

◆风险投资运作无法可依

风险投资能够为高科技企业的发展提供支持，而风险投资的开展有赖于相关法律、制度的保障。在这方面，以美国、英国为代表的发达国家充分认识到制度的重要性，并推出相关法律、政策支持风险投资活动。举例来说，早在20世纪50年代，美国国会就通过了《小企业投资法》，旨在让风险投资“有法可依”。与西方发达国家相比，我国风险投资尚处于探索时期，目前尚未出台与风险投资直接相关的法律、法规，只能依靠《专利法》、“科教兴国计划”等对风险投资进行间接管理。在后续发展过程中，相关部门应该加快制定相关政策，并出台法律法规，为国内的风险投资提供支持、保障。

◆风险投资市场不健全，金融机构未市场化

在风险贷款方面，银行给企业设置了较高的门槛，要求企业必须拥有超过三年的业绩，而且要具备一定的规模实力。根据《商业银行法》第四十三条规定，只要不符合国家的特殊规定，禁止商业银行进行证券经营和信托投资，禁止商业银行对企业、非银行金融机构进行投资。商业银行必须遵循法律规定，无法开拓对风险企业的投资渠道，与此同时，引进社会资金的投资机构也开始减少。现如今，国内风险投资市场的发展还不成熟，缺乏有效的资金退出渠道，给风险投资市场的发展带来了一定的阻碍。

◆对知识产权的管理和保护力度不够

近年来，具有原创能力的优秀人才逐渐受到企业重视，要促进这些人才成长，就要加大知识产权保护力度。改革开放以来，相关部门开始重视对知识产权、专利的保护，并着手建设相关的制度机制。但与西方发达国家相比，我国对知识产权的管理和保护力度仍有待提高，尽管国内市场诞生了许多发展潜力巨大的项目，但都因制度性因素的限制没有被投资者充分发掘。

◆缺乏风险投资评估分析人才

对高新技术企业的投资能够给投资者带来可观的收益，但也伴随着较高的投资风险，但在利益的驱动下，仍然有很多投资者参与其中。想要提高投资成功的概率，就要对风险投资进行专业评估，这对分析者的能力提出了较高的要求。目前，在我国，风险投资评估分析领域的专业人才仍存在很大的缺口。

4.1.6 我国风险投资运行管理的对策

为了在最大程度上规避投资风险，保证风险投资有序运行，相关部门需要加强管理，具体措施如图4-5所示。

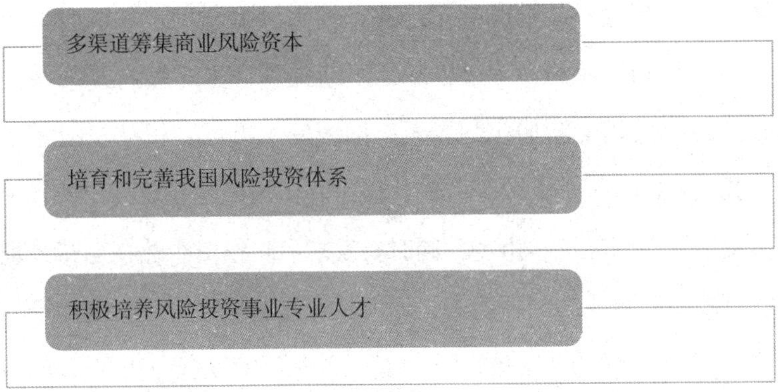

图 4–5 我国风险投资运行管理的三大策略

◆多渠道筹集商业风险资本

风险投资资本的来源并不单一，不仅包括政府、投资机构提供的风险资本，还包括民间资本。在后续发展过程中，风险投资机构应该发挥多元化资本的优势，丰富资本市场的层次。

自20世纪末开始，政府主导的风险投资成为我国风险投资的主体，在上海、广州、深圳等地区，政府出资在总体中的占比达50%以上。经过近20年的发展，政府出资比例有所降低，但仍然占据着重要地位。未来，国内企业应该从市场上引入更多风险资金，努力向国外风险投资行业的发展水平看齐。

◆培育和完善我国风险投资体系

相关部门应该加快建设与风险投资相关的制度体系，尽快出台与风险投资相关的法律、法规，提高国内风险投资的规范化水平。在具体实施过程中，我国要完善与风险投资相关的法律制度，调整税收贷款的政策规定，由法律明确规定政府应承担的责任，明确政府补助细则，出台知识产权保护制度等。

◆积极培养风险投资事业专业人才

在风险投资中，高收益往往伴随着高风险。风险投资者想要获得高收益，必须承担可能发生的风险。我国想要促进高科技产业和风险投资行业发展，必须建立专业的人才队伍，提高风险投资者的能力及素质。从风险投资的特点来看，风险投资家要及时洞察投资市场的变化趋势，拥有风险意识及危机意识，掌握足够的专业知识，参与到企业的管理过程中，不断提升自身的影响力。

在经济全球化进程不断加快的今天，国内资本市场要积极与国际资本市场对接。为此，我国要进一步扩大改革开放，注重对国内风险投资活动的管理，促进国内风险投资资本走向国际资本市场，同时要发现风险投资企业在运营管理过程中存在的不足，不断提高企业的管理能力，促使企业能够从容应对资本市场的变化，为国内高科技企业的发展提供足够的资金支持，并从风险投资中获取可观的收益。

4.2 投资逻辑：揭秘风险投资的运作机制

现阶段，新兴的创业型小公司表现出两大特点：第一，发展周期较长，对资本的需求比较多，导致投资流动性有所下降；第二，企业与投资机构之间的信息严重不对称，需要建立一套规范的融资机制。为了适应创业型公司的这些特点，资本市场需要建立一套与之相适应的风险投资机制。

风险投资主要通过资金配置机制、监管约束机制和激励机制，统一投资者、风险投资家和企业经理的目标，对资金、人力资本、高新技术进行有机整合，通过参与企业的关键决策，包括战略规划、资金投入、人事安排、组织结构等，将因为信息不对称或者“委托—代理”问题引发的风险降至最低，切实提高被投资企业的运营质量与效率。具体来看，风险投资机制涵盖的内容非常丰富，主要包括融资机制、效率机制、收益机制、管理机制等。

4.2.1 融资机制：风险资本的资金来源

融资机制指的是在风险投资过程中，投资主体与融资主体之间的运作方式。在风险投资运作的过程中，融资是首先要解决的问题，也是风险投资机构面临的关键问题，直接关系着资本来源以及资本未来的发展。

对于高新技术企业来说，实力一般的投资机构无法为其提供巨额的研究与开发费用，自然不能成为风险投资的首选；银行资金实力雄厚，但银行的资金大多来源于储户，必须先保证资金的安全性与流动性，然后才能追求投资盈利，所以也无法进行风险投资。相对来说，风险投资家作为风险偏好者更愿意承担高交易成本，追求高收益，可以产生降低交易成本的规模效应。

高新技术产业化离不开资本支持，风险投资正好可以为高新技术产业化进行常规投资，为高新技术成果转化提供方便。由于在风险投资过程中，投资机构需要面临较高的风险，因此不同国家会根据自己的实际国情选择风险容忍度比较高、风险控制能力比较强的主体作为风险投资的主体。融资机制的主要作用就是对风险投资机构和风险资本者之间的关系进行有效处理，打通融资渠道，让风险资本有效融通。

4.2.2　效率机制：提高投资的运作效率

效率机制指的是在风险投资过程中提高投资效率的运作方式与管理模式。

相较于普通投资来说，风险投资对专业性的要求比较高。因此，风险投资公司大多聚集了一批有丰富专业知识与投资技巧的人士，可以对复杂的、不确定的环境做出精准识别，对投资项目可能面临的不确定性风险做出准确预测，对投资项目前期调研、后期管理等工作信息进行搜集处理，在最大程度上消除信息不对称，防范逆向选择，在众多企业中选出最有发展空间的企业进行投资，让资本更快地发挥出创造财富的价值。

除此之外，在被投资企业经营管理过程中与风险资本退出阶段，效率机制同样适用，资本退出时机与退出方式的选择会对风险投资效率产生直接影响。

4.2.3　收益机制：成果转化与投资回报

在风险投资过程中，投资主体都会追求效益最大化，相应的运作方式与管理模式就是收益机制。高风险自然对应高收益，这一点正好与高新技术成果转化相对应。在对高新技术领域的创业企业进行风险投资时，虽然有些项目可能失败，导致投资机构血本无归，但通过风险投资专家对风险投资项目的严格审查，以及风险投资机构对企业经营管理的适当参与，风险投资极有可能获得高额利润。

一般来说，高新技术的发展会经历四个阶段，分别是成果化、商品化、产业化和国际化。随着各阶段不断递进，投资风险会越来越小。但因为每个阶段都存在风险，导致风险投资的失败率比较高。

但风险投资一旦成功，被投资的高新技术企业就会在一定时间内形成技术垄断或者价格垄断，给投资机构带来高额收益。综合来看，风险投资的平均收益能够达到30%左右，超过正常的利润水平。在这种情况下，风险投资机构通过将大量资本引入高科技行业，可以获得更高的收益。

企业与风险投资机构对接，引入风险资本最直接的目的就是获得更多发展资金，为企业发展奠定坚实的基础，占据更多市场份额，获得相对垄断的地位，从而获得超额利润。除此之外，风险资本对技术发展的促进作用还有可能迁延至其他行业，使其他行业的收益水平得到大幅提升。

4.2.4 管理机制：降低风险投资失败率

在风险投资过程中，投资机构需要制定一些制度与模式调控投资风险，保证投资活动正常进行，这些制度与模式就是管理机制。在风险投资过程中，资本筹集、风险管理、风险资本的运用等环节都会涉及管理问题，这些问题能否妥善解决直接影响着风险投资的成败。

例如，风险投资利用权益资本介入被投资的风险企业，通过过程管理帮助被投资的风险企业搭建一个合理的公司治理结构，完善内部管理制度，为信息不对称引发的各种风险提供有效的解决方案，促使直接收益内部化，从而获取更高的投资收益。

一般来说，风险投资会分阶段进行，即风险投资机构根据被投资的风险企业所处的发展阶段，将资金分不同的时间段注入被投资企业，通过这种方式减少损失，规避投资风险。在这个过程中，风险投资机构可以根据被投资项目前一阶段的成果决定下一阶段的资金投入。如果项目运行良好，完成了阶段发展目标，风险投资机构就会继续注入资金；如果项目发展情况不好，风险投资机构就会暂停资金注入。

同时，随着风险投资机构与被投资企业的合作不断深入，风险投资机构可以对被投资企业进行全方位了解，获取更多真实的企业信息，为是否追加投资做出正确决策。分阶段投资还有利于风险投资机构进一步强化对风险经理层的控制，有效防范道德风险。

风险资本运作将金融资本与产业资本相结合，形成了一套独有的运作机制，包括行业选择机制、投资管理机制与金融运作机制。作为现代金融领域一个重要的资本运作模式，风险资本运作机制形成了高度组织化、理性化和程序化的特点，主要解决新生的高新技术企业信息不对称与信息不完全引发的投资风险。正是基于这一内在机制，风险投资才能够快速发展，不仅可以优化社会资源配置，而且可以提高社会资源配置效率。

4.3 退出机制：风险投资的主流退出渠道

4.3.1 渠道1：公开上市

公开上市是风险投资退出方式中最安全可靠的一种。企业成功上市后，投资者可以通过出售持有的公司股票获得高额回报，与其他风险投资退出方式相比收益更高。缺点则主要体现为周期比较长，而且可能需要承担比较高的费用。公开上市的风险投资退出方式包括主板市场交易和创业板市场交易两类。

在一个成熟的市场经济体系中，主板市场能够为场外交易及创业板市场中具备较大增长空间的企业的发展提供有力的支持。在我国尚未建立创业板时，很多企业尤其是高科技企业选择在主板市场上市。与主板市场相比，创业板市场门槛相对较低，在企业经营业绩、规模、往期记录等方面没有太严格的限制，是处于创业初期的中小企业挂牌上市的理想之地，风险资本也可以借此安全退出。

目前，我国企业上市的途径主要有两种：直接上市和买壳上市。

◆直接上市

直接上市根据上市交易的区域不同可以分为境内直接上市和境外直接上市。由于经济等因素的限制，我国大多数直接上市的企业是在境内直接上市。虽然公开上市发行对企业的发展极为有利，但对于很多企业，尤其是高新技术企业而言，通过境内主板市场上市难度较大，具体体现在三个方面，如表4-3所示。

表4-3 境内主板市场上市的三大难点

序号	主要难点
1	境内主板市场对上市企业要求比较高，中小型高新技术企业往往难以满足这样的要求
2	境内主板市场对法人股、国有股等流通和交易有诸多限制，企业很难通过股权转让撤出风险资本获得收益回报
3	境内主板市场主要服务于国有企业等实力比较强大的企业，为其扩大融资渠道，高新技术企业进入主板市场的风险相对较大

◆买壳上市

买壳上市是指企业收购上市公司部分或全部股权（获得上市公司控制权，通常在30%以上）后，通过反向收购形式将企业资产注入上市公司中，实现间接上市，风险投资者通过出售持有股份退出。在这个过程中，被收购的上市公司通常也被称为“上市壳公司”。收购完成后，该公司继续存在（可能会更名）。企业将资产注入上市壳公司时，通常借助资产置换方式。与公开上市退出相比，买壳上市退出在时长及成本方面有明显优势。

企业买壳上市的执行可以分为两步，如表4-4所示。

表 4-4　企业买壳上市的两大步骤

步骤	具体内容
步骤一	有意通过买壳上市的公司选取合适的已上市公司，收购其股份，通过这种方式相对或绝对控制该公司
步骤二	通过已上市公司反向收购非上市公司的资产，将非上市公司的业务、资产等注入上市公司，通过资产转让达到间接上市的目的

4.3.2　渠道2：收购兼并

收购兼并退出是指被投资企业收购其他企业或被其他企业兼并后，风险投资者退出被投资企业的方式。当被投资企业收购其他企业或者被其他企业兼并后，资本收益折现率高于未收购或兼并时，风险投资者采用收购与兼并退出方式就能为自身创造一定的利润。

除了能否盈利这个核心因素外，风险投资者还要考虑被投资企业的市盈率、增长率、新增融资成本、市场对协议转让接受度等因素。

◆兼并收购的主要形式

就目前来看，兼并收购是一种可操作性比较强的退出方式。兼并收购的主要形式包括股份转让和吸收合并两种，如表4-5所示。

表 4-5　企业兼并收购的两种形式

主要形式	具体内容
股份转让	企业在发展过程中，往往需要持续注入大量资金。如果企业的风险投资者出于利益考量或其他原因无法继续投资，就可以采取股份转让的方式。主要操作方法是通过产权转让的方式转出拥有的股份，换取风险资金
吸收合并	对创业者尤其是高新技术企业的创业者而言，吸收合并是比较难接受的方式。因为吸收合并后，企业便完全丧失了独立性。但如果企业已经处于困境，吸收合并的方式能够为企业争取更多时间，积蓄力量再次成长。例如，武汉顺太有限公司曾因缺乏资金无法进行专利产品的规模化生产，使得企业陷入困境。之后，鄂武商以350万元的价格整体收购武汉顺太有限公司，帮助企业渡过难关

无论采取股份转让还是吸收合并，都应该注意时机的选择，因为，更佳的选择时机也就意味着风险投资方能够获得更大的收益。毕竟对于风险投资方而言，

只有获得的收益高于投资才能够算作成功的投资决策。

◆兼并收购退出的优势

兼并收购退出方式的优势主要体现在四个方面（见图4-6）。

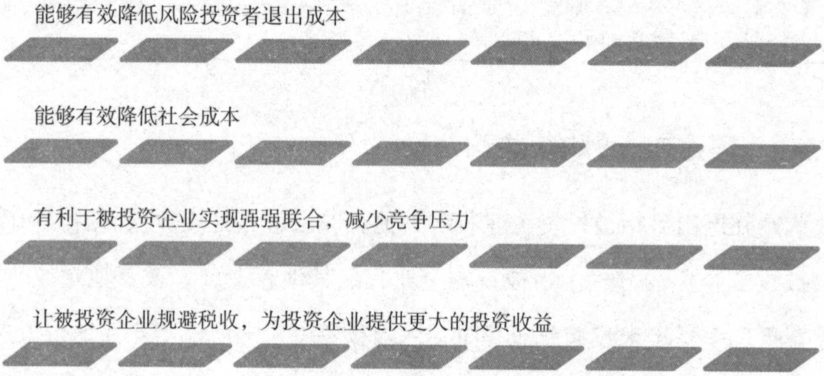

图 4-6　兼并收购退出的四大优势

（1）能够有效降低风险投资者退出成本。以钢铁行业为例，钢铁行业资产以固定投资为主，专用性极高，如果改作他用，价值将大幅度降低。正常情况下，风险投资者投资钢铁企业后，即便后者长期亏损，也很难找到合适的退出方式，强行退出又要承担较高的退出成本，无法实现投资获利的初衷，收购与兼并则为风险投资者提供了一种行之有效的退出方式。

（2）能够有效降低社会成本。风险投资者退出被投资企业时，如果不顾及被投资企业的未来发展，可能会导致后者公信力及资源整合能力下降，甚至被竞争对手淘汰出局，从而提高社会成本。通过收购与兼并退出，被投资企业和其他企业进行重组，实现价值增值，能够吸引更多媒体、资本方及产业链上下游企业的关注，使企业具备强大的市场竞争力。

（3）有利于被投资企业实现强强联合，减少竞争压力。被投资企业收购其他企业或被其他企业兼并后，双方从此前的竞争对手关系转变为战略合作关系，避免了竞争过程中的资源消耗，可以通过规模效应获得更高的利润回报。

（4）让被投资企业规避税收，为投资企业提供更大的投资收益。为了促进产业良性发展，很多地方政府都在积极引导优势企业收购亏损企业，并在税收方面给予优惠。例如，上市公司转让股票时免征个人所得税，收购双方股东互换股份，被收购方可以不用缴纳股票转让产生的个人所得税，收购方也不用大规模筹集资金，这也是为何我国上市公司实施收购兼并时，更加倾向于选择股票互换的关键所在。

4.3.3 渠道3：股份回购

对于风险投资方而言，进行风险投资的主要目的在于获取高额收益。如果一家企业从创立到成长，攻克各种技术难关，经历市场风险，成长为一家比较成熟的企业之后，仍然无法公开上市，那么风险投资方往往会选择股份回购的方式退出。

股份回购主要有两种方式：其一，创业者回购风险投资者的股份；其二，风险企业回购风险投资者的股份。

◆创业者回购风险投资者的股份

创业者回购风险投资者的股份，指的是在签订风险投资协议时，两方约定风险投资方有权要求企业创始人以预先商定的形式和股票价格回购其手中的股票。也就是说，创业者回购风险投资者的股份是通过买股期权的形式实现的。

◆风险企业回购风险投资者的股份

风险企业回购风险投资者的股份，指的是风险企业可以选择以相同或类似的形式及股票价格回购风险投资方手中的股票。也就是说，风险企业回购风险投资者的股份是通过卖股股权的形式实现的。

关于以上提到的买股期权与卖股股权，其具体选择主要取决于风险企业对风险投资机构的吸引力。如果风险企业经营状态良好、拥有广阔的发展前景、在同类市场具有明显的竞争优势，那么其对风险投资机构而言具有比较高的吸引力，往往采用买股期权的形式回购股份；如果风险企业的发展遇到一定的瓶颈，急需资金等方面的支持，对风险投资的需求比较高，那么其往往采取卖股股权的形式回购股份。

一般情况下，在风险企业引入风险投资、双方签订风险投资协议时便会约定回购条件、回购价格和回购时间相关事项。对于风险投资方而言，股份回购是一个比较好的风险退出方式，能够更好地保证资金安全。

此外，对于风险企业而言，选择从风险投资方手中回购股票比较有利于企业的发展。目前，在国外的众多企业中，股份回购已经成为风险投资退出的主要途径之一，虽然国内此类案例相对较少，但未来也必将成为风险投资退出的一种重要方式。

4.3.4 渠道4：破产清算

当企业的发展遭遇困境或者因为其他原因需要中止时，可能就要进入破产清算程序，由清算组接管公司，对公司财产进行清算、评估、处理和分配等。虽然破产清算会给企业带来一定的损失，但由于此前企业往往已经出现成长缓慢、发展前景不佳等问题，因此进行破产清算对企业和风险投资机构而言也是明智之举。

对于风险投资方而言，如果投资的企业或者项目缺乏比较好的发展前景或者已经面临失败时，与其被套牢，不如拿出壮士断腕的勇气，寻找具有更高投资回报的项目。虽然对风险投资机构而言，破产清算相对以上提到的其他风险投资退出方式带来的损失更大，但也是避免深陷泥潭的唯一选择。

一般来说，风险投资机构选择破产清算的情形主要有四种，如表4–6所示。

表 4–6 风险投资机构选择破产清算的四种情形

序号	主要情形
1	风险企业出现严重的资金问题，既无法按期偿还债务，又无法获得新的融资
2	风险企业的经营状况不理想，无法达到与风险投资协议相符的预期效果
3	风险企业不具备公开上市发行的条件，而且不愿或不能回购风险投资方的股票
4	风险企业的发展路径与风险投资协议签订的内容相背离，企业管理者不愿或不能继续管理企业

除破产清算外，解散清算和自然清算也是风险企业清算的形式。一般情况下，通过清算程序，风险投资方能够获得的补偿大约只有投资金额的64%，但却是防止投资损失扩大或风险资本低效率运行的有效途径。

4.3.5　渠道5：产权交易

和主板市场相比，产权交易市场门槛更低，中小企业及小微企业都可以获得资金支持，而且当企业逐步发展壮大时，可以前往证交所挂牌上市。我们可以用拍卖行和自由市场来类比主板市场和产权交易市场间的差异，想要参与拍卖行的拍卖，主办方会对竞拍者的身份、资产等进行验证，举标后反悔要支付一笔赔偿款，而且拍卖的物品都经过了资深鉴定师的专业鉴定。自由市场竞拍者可以自由进出，不必向第三方公布价格，对交易物品价值也没有硬性规定。由此可见，产权交易市场对中小企业更为友好。

在作用方面，产权交易市场的存在为企业与投资者提供了一个稳定、公平、有序的产权交易场所，能够促使产权及资金资源高效流动。以近几年密集上市的科技企业为例，科技企业成果转化及技术创新短板尤为突出。前者的关键点在于缺乏对技术成果价值进行评估的统一标准；后者的关键点则是企业资金匮乏，科技创新投入相对有限。而产权交易市场能够有效解决这两大问题，对企业技术成果价值进行科学评估的同时，为企业引入外部资本，使企业能够加大科研投入。

在定位方面，产权交易市场是连接企业与资本的开放平台，能够帮助企业得到更多战略性合作伙伴，同时，还能为资本方提供一个安全、高效的退出机制，保障风险资本实现良性循环。

第5章 PE融资

5.1 私募股权基金的运作模式与投资逻辑

5.1.1 私募股权基金的主要特点

私募股权基金（Private Equity，PE）指的是通过私募基金对非上市公司进行的权益性投资。投资由私募股权基金管理公司发起，通过个人或私募股权投资者筹措资金，在给企业的项目发展提供资金支持的同时，还为其提供多元化的增值服务。在交易过程中，投资者会考虑后期的退出机制，借助公司首次公开发行股票、兼并与收购或管理层回购等方式退出，并从中获益。私募股权融资旨在尽可能地实现资本增值。

现阶段，我国私募股权基金非常多，且数量仍在持续增长。私募股权投资对我国产业结构调整发挥了极其重要的作用，未来发展空间十分广阔，备受投资者青睐。相较于公募基金来说，私募股权基金的募资对象范围较窄，往往是拥有雄厚资金实力、资本构成质量较高的机构或个人，使得募集的资金数量、质量并不比公募基金差。也就是说，私募资金的投资者可能是个人，也可能是机构。

具体来说，私募股权投资基金的三大特点如图5-1所示。

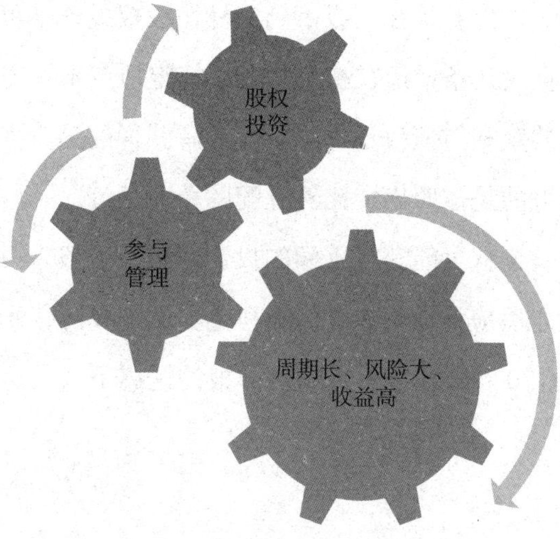

图 5-1　私募股权投资基金的三大特点

◆股权投资

私募股权基金通过股权投资运作，也就是通过增资扩股或股份转让获得非上市公司的股份，然后通过股份增值转让获取利润。股权投资方式非常多，除单纯的股权投资外还有一些其他的投资方式，例如通过可转换债券投资或附认股权公司债投资，通过以股权投资为主、以债券投资为辅的组合模式投资等。

这些投资方式体现了私募股权在投资方式与工具方面的进步。虽然对于私募股权投资基金来说，股权投资是一种最主要的投资方式，占据着主导地位，但多种投资方式、投资工具的组合使用也已经成为一种潮流。

◆周期长、风险大、收益高

私募股权投资的投资周期比较长，因为投资对象多为初创企业或正处在发展期的企业，这些企业在发展过程中面临着极大的风险。如果企业最终因为经营不善宣告破产，私募股权基金很有可能血本无归。

在此情况下，私募股权基金想要盈利，不仅要努力满足企业的融资需求，还要让企业获得一定的利益，这个过程要花费很长一段时间。再加上，私募股权投资的成本较高、股权投资的流通性较差，也导致投资风险增加。股权投资与证券投资不同，证券投资可以直接在二级市场交易，股权投资不可以。而且股权投资的退出渠道有限，且这几条渠道在特定时间、特定地点不一定畅通。

私募股权投资的获利与债权投资不同，后者获得的是投入资本若干百分点的孳息收益，前者获得的是按照出资比例分配的企业分红。一旦投资的企业成功上市，私募股权投资基金就可能获得巨额的投资回报。一般来讲，私募股权基金从一个企业成功退出之后应该获得3~5倍的利益。而在我国，私募股权基金从企业退出后可以获得20~30倍的利益，在高额回报的诱惑下，资金源源不断地涌入私募股权基金市场。

◆参与管理

私募股权基金往往有一支专业的基金管理团队，团队成员管理经验、市场运作经验都非常丰富，能辅助企业制定符合市场发展需求的发展战略，改进企业的经营、管理方式与理念。

私募股权投资不仅将资本引入了目标企业，也将先进的管理经验、各种增值服务引入了企业。正因如此，私募股权投资备受企业青睐。私募股权投资不仅满足了企业的融资需求，还帮企业提升了经营管理能力，使企业的销售渠道、采购渠道得到拓展，让企业与地方政府建立了良好的沟通，使企业与行业内其他企业的关系得到有效协调。对于私募股权投资基金来说，全方位增值服务是其最大的亮点和核心竞争力。

5.1.2 私募股权基金的运作模式

私募股权基金的运作模式有六种，分别是公司制、信托制、有限合伙制、“公司+有限合伙”模式、“公司+信托”模式、母基金。具体分析如下：

◆公司制

从字面意思对“公司制私募股权投资基金”进行理解，该基金指的就是法人制基金，设立依据是2005年修订的《公司法》、2003年修订的《外商投资创业投资企业管理规定》、2005年修订的《创业投资企业管理暂行办法》等法律法规。

“公司”这一概念在商业环境中存在的时间非常长，因此，公司制模式非常清晰，而且容易被出资人理解、接受。在此模式下，股东既是出资人，也是决策者，根据出资比例享有投票权。

◆信托制

信托制私募股权投资基金也叫作私募股权信托投资，指的是信托公司用通过信托计划获取的资金开展权益投资，这种基金的设立依据的是2001年颁发的《信托法》、2007年制定的《信托公司管理办法》和《信托公司集合资金信托计划管理办法》以及2008年颁发的《信托公司私人股权投资信托业务操作指引》。

信托制模式的优点是可以利用信托平台将资金快速聚拢在一起，让资金发挥出最大的效用。该模式的缺点是信托行业缺乏有效的等级制度；作为企业上市活动的发起人，信托公司的股东是否存在代持关系、是否存在关联持股问题无法确定，而监管部门要求对信托股权的实际持有人予以明确。

◆有限合伙制

有限合伙制私募股权基金设立的依据是2006年颁发的《合伙企业法》《创业投资企业管理暂行办法》及配套的法律法规。

《合伙企业法》规定：有限合伙企业的合伙人数量为2~50人，普通合伙人与有限合伙人至少各有一名。普通合伙人要执行合伙事务，对合伙企业的债务承担无限连带责任；有限合伙人不执行合伙事务，只以自己认缴的出资额为限对合伙企业的债务承担责任。普通合伙人可以劳务出资，有限合伙人不可以。这一规定肯定了普通合伙人的智力资本价值，将有限合伙人“有钱出钱、有力出力”的优势体现了出来。

在运行方面，有限合伙制企业的资产管理、日常事务运作全部由普通合伙人负责，不会委托专门的管理公司进行管理。综上，有限合伙制模式有两大优点：

一是财产与合伙人的个人财产有着明确区分，各合伙人的权利、义务实现了明确划分；二是只面向合伙人征税，不会进行双重征税。

从理论层面来看，无论国家机构、大型产业集团，还是以创投企业、证券公司为代表的金融企业，抑或国家机构，只要在法律允许范围内行事，拥有合法资金且愿意参与投资活动，都能够以发起人的身份创建私募股权基金。

现阶段，相关部门的认定是国内创建私募股权基金的前提条件，不仅如此，发起人的资金实力及其管理团队的能力也必须达到一定的标准。在创建私募股权基金的过程中，首先要确定基金发起人和基金保管人，成立基金管理公司，准备申报所需的资料；其次向相关部门申报；最后要公开招股说明书，由投信公司发售基金收益凭证。

◆“公司+有限合伙”模式

在“公司+有限合伙”模式中，公司指的是基金管理公司，有限合伙指的是有限合伙制企业，这种模式是股权投资基金最常用的操作方式。

因为普通合伙人承担执行合伙事务的责任，而普通合伙人多是自然人，增加了合伙事务执行风险，再加上不同的私人资本对有限合伙制度有不同的理解，给自然人普通合伙人带来了较大的挑战。

同时，《合伙企业法》没有对有限合伙企业中普通合伙人的属性做出明确规定，也就是没有规定普通合伙人是自然人还是法人。在此情况下，出于降低管理团队个人风险的考虑制定了“公司+有限合伙”模式，也就是先由管理团队设立投资管理公司，再以公司为普通合伙人与法律有限合伙人、自然人合作设立有限合伙制的股权投资基金。

因为公司制实行的是有限责任制，一旦基金出现风险，管理公司可以有效地隔离风险，降低管理者的个人风险。在此模式下，管理公司承担着基金管理职能，普通合伙人与有限合伙人都要遵守既定协议，通过投资决策委员会进行决策。现阶段，该方式是国内知名投资机构最常采用的方式。

◆“公司+信托”模式

“公司+信托”模式将公司制与信托制的特点结合在了一起，就是公司管理基金借信托计划获取基金需要的投入资金。其中，信托计划的发起人往往是受托人。受托人委托投资团队担任财务顾问或管理者，提出股权投资建议，参与项目跟踪与公司管理。

这里需要注意的是，《信托公司私人股权投资信托业务操作指引》规定：“信托文件事先有约定的，信托公司可以聘请第三方提供投资顾问服务，但投资顾问不得代为实施投资决策。”这表示对于信托计划下的资金，管理人不享有独立的投资决策权。同时，管理人或投资顾问还需满足以下条件：第一，持有信托计划10%或以上的信托单位；第二，实收资本在2000万元以上；第三，管理团队主要成员要有3年及以上的股权投资业务从业经验。

该模式主要为地产类权益投资项目所用。除此之外，一些需要对资金进行快速运作的创业投资管理公司也经常借信托平台募集资金，新华信托、湖南信托等公司也会发行这类信托计划。

◆母基金

母基金（Fund Of Funds ，FOF）是一种专门对其他基金投资的基金，叫作基金中的基金，通过设立私募股权投资基金参与其他的股权投资基金。母基金在资金及管理团队方面具有明显优势，借助该优势可选择合适的权益类基金投资，通过选择多只股权投资基金降低投资风险。

各级政府发起的创业投资引导基金、产业引导基金都是通过母基金的形式运作的。通过这种方式，财政资金可以得到有效拓展，企业可以选择更加专业的投资团队，引入社会资本，做好本地产业，尤其是新兴产业的培育工作。

5.1.3　私募股权基金的投资逻辑

从盈利模式方面来看，私募股权投资基金与证券基金一样采用“低买高卖，为卖而买”的方式，以获取长期资本增值收益。具体来看，私募股权基金的盈利过程可以划分为五个阶段，如表5-1所示。

表 5-1　私募股权基金盈利的五个阶段

阶段	主要内容
价值发现阶段	寻求具有投资价值的项目，就投资、合作事宜与项目方达成共识
价值持有阶段	基金管理人对项目进行全方位调查，对发起项目的企业进行投资，成为企业股东，持有公司的价值
价值提升阶段	基金管理人利用自身聚合、整合资本的优势全面提升企业的战略、市场、管理与财务，改善企业的基本面，提高企业的内在价值
价值放大阶段	资金投资项目经过价值提升与2~3年的培育，通过公开发行股票或溢价出售实现价值放大
价值兑现阶段	投资项目在资本市场上市之后，基金管理人要选择恰当的时机，用合理的价格抛售企业股票，兑现企业价值

根据国内外的发展经验，私募股权投资机构之所以能成功，主要是趋同于价值投资，寻找有发展潜力的企业，跟随企业发展。

专业的投资者更希望对时代的大变化投资，对能推动社会进步的企业投资。在全球主流机构投资者与高净值个人资产配置方面，私募股权投资是一个主要类别。

在美国、英国等发达国家的主流资产配置中，私募股权投资是非常重要的组成部分。现如今，我国也迈进了这个时代，推出中小板、创业板，扩容新三板，计划推出科创板、战略新兴板。经过十多年的发展，我国私募股权通过资本市场开放获益良多，逐渐成熟，进入黄金时代。

5.1.4 PE投资项目筛选与评估流程

投资标的的质量与私募股权基金最终获得的投资收益情况息息相关，还会影响基金管理者的投资业绩。所以，私募股权投资机构管理人员需要对不同投资项目的价值、风险等因素进行评估，根据自身特点择优投资。具体来看，PE投资项目选择要经历如下几个流程：

◆寻找投资项目

私募股权基金投资想要获得较高的回报，就要在最短的时间内、以最低的成本找到优质的创业项目。为了寻找投资项目，私募股权基金经理通常会利用各种渠道收集项目信息，对内外部资源进行整合，建立多元化的项目来源渠道。一般来说，投资项目的来源渠道主要有三种，分别是自有渠道、中介渠道和品牌渠道，如表5–2所示。

表5–2　投资项目的主要渠道

渠道	描述	途径
自有渠道	主动进行渠道建设，通过公司自有人员的关系网络、参加各种风险投资论坛的会议和对公开信息的研究分析收集信息	个人网络 市场分析 战略合作伙伴 股东
中介渠道	借助/联合相关业务伙伴（如银行、券商等）、专业机构（如律师/会计师事务所等）以及其他创投公司获取交易信息	银行/投资银行 证券公司 律师/会计师事务所等 其他专业机构（如咨询公司、广告公司等）
品牌渠道	积极建设公司在创业投资方面的品牌形象和市场知名度，建立“拉动式”的信息渠道	公司网站 客服中心

基金经理通过不同的渠道获取的项目信息的质量存在一定的差异。一般来说，通过个人网络、股东、业务合作伙伴获取的信息质量比较好，因此，朋友、熟人、银行、证券公司、政府部门或会计师事务所、律师事务所等中介机构也就成了基金经理寻找投资项目的首选渠道。除此之外，还有一些基金经理会将目光放在投资洽谈会上，通过参会获取项目信息。

◆项目初步筛选

项目初步筛选指的是基金经理根据企业提交的商业计划书，对创业项目进行初步筛选，判断其是否符合投资标准、发展前景如何，据此做出科学的投资决策。对于通过初步评估的创业项目，私募股权基金要派遣专人前往企业进行实地考察，确定是否深入接触。

（1）项目初评。基金经理收到创业项目的相关资料之后，根据基金的投资方向与投资风格对项目进行初步评价。一般来说，私募股权基金有自己的投资政策，涵盖了投资规模、投资行业、投资阶段选择等内容。因此，基金经理可以根据以往的经验迅速做出判断，完成项目初评。常见的项目初步筛选标准如表5-3所示。

表 5-3 项目初步筛选标准

筛选标准	具体内容
投资规模	投资项目的数量 最小投资额和最大投资额
行业	是否属于基金募集说明书中载明的投资领域 私募股权基金对该领域是否熟悉 私募股权基金是否有该行业的专业人才
发展阶段	种子期 创业期 扩张期 成熟期
产品	是否具有良好的创新性、扩展性、可靠性、维护性 是否拥有核心技术或核心竞争力 是否具备成为行业中的领先者/行业规范塑造者的潜力
管理团队	团队人员的构成是否合理 是否对行业有敏锐的洞察力 是否掌握市场前景并懂得如何开拓市场 是否能将技术设想变为现实
投资区域	是否位于私募股权基金公司附近城市 是否位于主要大都市

（2）项目进一步考察。为了更深入地了解创业项目，在完成项目初评之后，如果有投资意向，基金经理要组织团队从技术、经济等层面对创业项目进行全面、深入的考察，对项目的发展前景做出科学判断。

◆尽职调查

为了对项目价值做出科学有效的评估，基金公司会对投资对象所属的领域、市场环境、企业市场、管理者能力，以及未来的投资退出渠道等进行调研。

尽职调查的内容有很多，具体包括创业项目及项目企业的运营、规章制度及有关契约、财务等，其中创业项目的财务会计情况、经营情况和法律情况是调查重点。因为尽职调查的内容很多，想要得到科学的调查结果，必须组建一支专业化程度较高的调研队伍。因此，私募股权基金通常会聘请一些第三方机构协助调查，例如会计师事务所、律师事务所等，以获得更专业的服务。

◆价值评估

价值评估是采用科学的方法对尽职调查获得的企业历史业绩、预期盈利能力等进行科学分析，对企业价值进行评估的过程。运用资产评估学知识，从市场、收益、成本等层面出发，合理判断投资对象的价值和未来发展潜力，从而做出投资决定，并据此计算目标企业的融资金额。价值评估是PE投资中非常关键的一个环节，无论投资项目还是退出投资，都要对企业价值进行合理评估。一般来讲，对创业企业进行价值评估可以采用以下三种方法：收益法、市场法、成本法，如表5–4所示。

表5–4　创业企业价值评估的三种方法

主要方法	具体内容
收益法	对投资项目未来的收益进行评估，通过合适的折现率将其折算成现值，累加求和，得出被评估项目的价值。按照不同的预期收益估算方式，收益法又可以分为实体现金流量折现法、现金流量折现法、现金流量评估法等不同的类型
市场法	从市场上选择一些与目标企业相似的企业作为参照，针对各个可能对价值造成影响的因素，将被评估项目逐一与参照物进行价格差异的比较调整，然后对调整结果进行综合分析，最终明确被评估项目的价值
成本法	在现有的条件下，打造一个被评估项目所需要的所有成本，去除被评估项目已经发生的实体性陈旧贬值、功能性陈旧贬值和经济性陈旧贬值，得到的差值就是被评估项目的价值

5.2 流程操作：私募基金运作流程全攻略

5.2.1 募：私募资金的融资方式

私募基金融资指的是投资人与债务人在双方自愿的前提下进行私下协商，协商内容由投资人与债务人共同商定，任何一方不能强迫另一方。那么，私募基金的融资方式究竟有哪些呢？具体分析如下：

◆政府

从世界各国私募股权基金的发展历史来看，政府资金凭借稳定性高、可信度高的特点，成为私募股权基金非常重要的资金来源。一般来说，以政府资金为主导的私募股权基金投资某个项目的主要目的不是盈利，而是与某项产业政策相配合，引导市场发展，促进就业，推动经济发展。例如，在某些新兴产业、高科技产业兴起时，很多投资机构不敢投资，为了给这些产业提供充足的资金，以政府资金为主导的私募股权基金就会积极投资，引领其他市场资金流向这些行业，推动这些行业快速发展。

◆机构投资者

机构投资者指的是专门开展投资活动的组织，它们的资金来源有两种：一种是自有资金，另一种是分散的大众募集资金。目前，比较常见的机构投资者包括投资公司、保险公司、养老基金、各种社会福利基金及银行等金融机构。

◆大型企业

一些大型企业为了完善战略布局会将盈余资金用来投资，例如阿里巴巴、腾讯、百度等，这些大型企业也是私募股权基金重要的资金来源。出于战略层面的考虑，很多大型企业会向与自身战略利益相关的企业进行投资。随着大型企业对创业投资的参与程度不断加深，大型企业的投资范围也越来越大，不仅会投资相关行业，还会为了获得高额利润向其他行业投资。

◆个人

有些拥有大量资金的个人为了获得高额的投资收益也会参与私募股权基金投资，但相对来说，这类资金的数量比较少，稳定性比较差，容易受投资者个人经济状况的影响。个人参与私募股权基金的方式主要是购买创业投资信托计划。近年来，随着个人投资者的综合实力不断提升，有些个人投资者开始尝试以有限合伙人的身份参与私募股权基金投资。

私募股权基金募集通常采用承诺出资的方式进行，基金设立初期不会要求投资人一次性缴足所有认购额度，只要投资人承诺出资，并在投资期按照基金管理公司的要求分次投入即可。具体来看，私募基金在融资时需要注意四大事项，如表5-5所示。

表 5-5　私募基金融资需注意的四大事项

注意事项	具体内容
要明确融资数额	以投资项目为基准，对其价值进行判断，计算融资资金的数额。具体计算方法为：融资资金数额=投资资金总额-基金公司自有资金数额
发掘潜在的投资者	在这个环节，基金发起人要充分利用融资经验，利用此前积累的社会网络关系，寻找潜在的投资者。私募股权融资的时间通常在5~7年，要求投资者能够进行长期投资，具备这种能力的个人及投资机构是基金发起人寻找的对象
与潜在投资者进行沟通互动	发掘到潜在投资者后，私募股权基金管理人要积极与投资者沟通互动，为潜在投资者提供有关投资项目、发展潜力、基金发起人及管理团队、以往成功经验等方面的信息，据此做出投资决策
与投资者签订协议	了解了彼此的信息之后，基金管理人要与投资者确立合作关系，达成融资协议。私募股权基金会在银行开设自己的账户，要求投资者将委托资产转入该账户，再依据此前达成一致的基金章程，用这部分资金进行投资

5.2.2　投：项目投资的策略路径

私募股权基金完成融资后，就能够对此前确定好的投资项目进行投资，即选择合适的投资方式，如组合投资、联合投资、匹配投资、分阶段投资等，为选定的投资项目提供资金支持，帮助企业解决资金短缺问题，如表5-6所示。

表 5-6　项目投资的四大策略

投资策略	具体内容
联合投资	如果项目投资风险比较大、投资额比较高，通常会由一家投资机构牵头，联合其他投资机构或者投资人共同投资，其中牵头的投资机构或者投资人投资最多，持股也最多。这种联合投资可以让被投资企业享受更多资源。当然，联合投资的投资人不是越多越好，投资人越多，彼此之间越容易发生冲突
分阶段投资	创业企业发展初期面临的风险较大，对资金的需求量较小。随着企业不断发展，所面临的风险不断减小，对资金的需求会不断增加。对于发展不佳的创业项目，投资人可以暂时不追加投资；对于注定失败、无法挽救的项目，可以通过清算尽快收回前期投资。在这种分阶段投资模式下，投资人可以根据投资项目的发展情况及其面临的风险调整投资策略，减少损失
匹配投资	投资人在投资某个创业企业时，要求企业经营管理者投入相应的资金。在这种模式下，风险投资者与创业企业相互捆绑，可以刺激创业企业的管理者加强管理，从而降低投资风险
组合投资	投资人不要将所有资金投入一个项目，而是要分散投资。即便某一个项目投资失败，也可以从其他项目获得补偿，降低整体损失。因为一般来说，几个投资项目都失败的可能性比较小

5.2.3　管：投后管理的主要内容

参与项目投资并不意味着基金公司就可以高枕无忧地获取收益了，而是应该为公司的发展提供支持，促进企业成长，并对投资项目进行投后管理与监督，最终达到资金增值的目的。

投后管理的主要目标就是规避投资风险，加速资本增值，让投资效益实现最大化。为了实现这个目标，投后管理人员要根据投资项目的具体情况，制定可操作性强、便于监控的投后管理目标。

如果将投后管理划分为不同的阶段，那么投后管理前期的目标就是深入了解被投资企业，与投前部门的项目负责人达成默契，统一经营管理理念与模式，帮助企业完成从不成熟到成熟的蜕变，实现规范管理；后期的目标就是帮助被投资企业改善经营管理模式，规避各种风险，为企业健康可持续发展保驾护航。

◆ PE 投后管理的分类

私募股权投资的投后管理主要包括两大内容：一是监控；二是增值活动。投后管理人员向被投资企业提供帮助，保证其做出正确决策，在最大程度上实现增值。

同时，为了维护自身的权益，投后管理人员要对被投资企业的行为进行监控，防止被投资企业做出损害投资机构利益的行为。具体来看，私募股权投资的投后管理可以分为两种类型，一类是参与管理型，另一类是风险控制型，如表5–7所示。

表5–7　私募股权投资投后管理的两种类型

投后管理的主要类型	具体内容
参与管理型	参与管理型指的是投资机构完成对某企业的投资之后，向企业委派管理人员，参与企业的日常运营与管理，管理活动包括一切可以让企业增值的活动和同步进行的监督控制活动
风险控制型	风险控制型指的是投后管理人员对被投资企业采取一些监管措施，让各类信息自由流通，减少信息不对称现象。在私募股权投资的过程中，投资机构一般要求对被投资企业保留广泛控制权，防止资金被“套牢”，或者出现“道德风险”

◆ **PE投后管理的内容**

私募股权基金投后管理的主要内容有三项，分别是常规性管理、决策性管理和价值增值性服务，具体如表5–8所示。

表5–8　私募股权基金投后管理的三大内容

管理项目	具体内容
常规性管理	常规性管理指的是投后管理人员在权力范围内，采用常规性的方法对被投资企业进行管理，对被投资企业的经营状况进行监督，及时解决问题
决策性管理	决策性管理指的是投资机构向被投资企业委派高层管理人员，负责对被投资企业的组织结构进行优化调整，甚至可以参与企业决策。被委派到被投资企业的高层管理人员要积极参与企业决策，必要时为被投资企业提供科学可行的决策指导，同时要及时、准确地向基金管理人员反馈被投资企业的运营情况，方便基金管理人员做出科学决策
价值增值性服务	价值增值性服务指的是投后管理人员为被投资企业提供所有价值增值性服务的总称，其目的在于最大限度地让企业增值。私募股权基金投资不仅要为被投资企业提供资金支持，还要为被投资企业提供增值性服务，例如团队建设、信息支持、法律顾问等咨询服务等。从某种程度上看，增值服务就是价值再创造的过程，是投后管理的一项重要内容

5.2.4　退：私募基金的退出渠道

私募股权基金投资的退出是基金运作中最基础，也是最重要的一个环节。成功的退出是私募股权基金投资获取高收益，让资金实现高效循环的重要保障。在实践过程中，私募股权基金退出常采取以下几种模式：

◆首次公开发行退出

从本质上看，股票首次公开发行（Initial Public Offering，IPO）就是推动投资企业从私人持股公司变成公众持股公司，让股权流通起来，通过公开市场发售以实现资本增值。对于投资方与被投资的企业来说，直接上市都可以获取最大化的利益。

对于投资方来说，股票市场对企业的高估值可以让其在短短几年内获得不错的收益，然后退出，让基金投资人获得丰厚的回报，让基金收益率保持在一个较高水平，然后筹集新资金投资新项目，进一步发展壮大。

◆股权转让退出

股权转让退出指的是被投资公司或者第三方通过协议价格向公司股东、管理层、职工转让股权，然后退出。这种退出方式的优点在于投资者可以随时将股权变现。相较于IPO退出来说，这种退出方式操作简单，费用低，适用范围较广。虽然对于私募股权基金投资来说，IPO退出是最佳途径，但因为股票市场容量有限，不是所有企业都能够通过IPO上市。为了尽快回笼资金，投资方通过转让股权退出也是一种不错的选择。尤其是在资本市场低迷、投资企业亟须退出或者发现了更好的投资机会的情况下，通过转让股权退出可以更快地回笼资金。

一般来说，通过转让股权退出的方式主要有两种，一种是股权回购，另一种是向第三方出售股权，如图5–2所示。

（1）股权回购。股权回购指的是企业按照既定流程与约定价格购买私募股权基金持有的股份，让私募股权基金退出。通过股权回购，私募股权基金可以获得现金与可流通证券，不仅是期权。另外，因为股权回购涉及的主体比较简单，只有企业与投资方，产权关系清晰，操作非常简单，投资方可以快速退出。对于被投资企业来说，通过回购股权可以将外部股权内部化，让企业保持独立，并获得充足的资本。

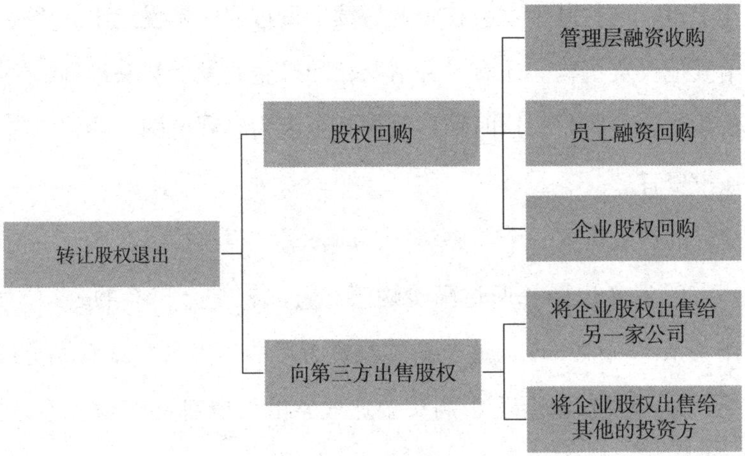

图5-2　通过转让股权退出的两种方式

根据回购主体的不同，股权回购可以分为三种类型，分别是管理层融资收购、员工融资回购和企业股权回购。其中，管理层融资收购指的是企业管理层从私募股权基金手中购回公司股份；员工融资回购指的是员工集体从私募股权基金手中购回公司股份，在收购之前，员工可以组织在一起创建一个员工持股基金，以基金的名义购买股份，资金来源可以是员工的薪酬或者企业利润或者企业专用的信托基金。

（2）向第三方出售股权。指的是私募股权基金向第三方出售被投资企业的股权，从而获利退出。在国外的私募股权基金中，通过向第三方企业出售股权获利退出的企业数量是通过IPO上市退出企业的3倍。

通过向第三方出售股权退出的方式有两种：第一种是将企业股权出售给另一家公司；第二种是将企业股权出售给其他的投资方。

出售给另一家公司指的是将整个企业出售给另一家公司，如果出售的股份享有企业控制权，这种出售活动就可以称为企业并购。

出售给其他的投资方，可能是其他的私募股权基金。因为私募股权基金在选择投资对象方面有所限制，有些基金只投资天使轮，有些基金只投资A轮，可能等不到企业上市，这些基金就会在企业后续融资过程中慢慢退出，将持有的公司股份转让给其他投资机构。还有一种情况，如果企业发展势头迅猛，一些投资者愿意以高价购买企业股份，这时私募股权基金因为有利可图，会将持有的公司股份转让给该投资者。

这种交易的达成需要一个前提条件，即公司希望与投资者签订一份新的合作协议，而新的投资者也愿意通过高价购买私募股权基金持有的公司股份，与企业建立合作关系。一般来说，这个新的投资者可能是大公司或者私募股权基金，因为有意愿从私募股权基金手中购买企业股票的投资者比较少，不是那么容易找到。

大公司从私募股权基金手中购买公司股票的主要目的在于对整个企业控股，或者逐步将企业吞并。对于初创企业、中小企业来说，相较于私募股权基金，拥有丰富市场营销经验与产品开发经验的大企业是更好的合作对象。

私募股权基金之所以愿意从其他私募股权基金手中购买公司股票，可能是因为投资偏好不同。有些私募股权基金愿意在企业初创期进行投资，有些私募股权基金愿意在企业发展后期进行投资。这样，随着企业不断发展，专注于前期投资的私募股权基金就可以将所持股份抛售给专注于后期投资的私募股权基金。

◆清算退出

清算退出指的是被投资企业按照破产法的相关规定进行清算，按照投资额承担相应债务后将剩余的投资成本回收，基本流程为对债权债务进行清算—分配剩余财产—注销企业。或者是企业到存续期之后，经股东商议决定结束运营。

对于很多企业来说，进入破产清算大多属于无奈之举，但在国外，因运营不善进入清算流程的企业占比并不低。例如在美国，私募股权基金投资的企业进入清算程序的大约占32%，与通过IPO上市退出的企业占比大体相当。在我国，私募股权基金以清算方式退出的占比很少。

5.3 私募股权基金投后管理全攻略

5.3.1 PE投后管理的意义与作用

投后管理是私募股权基金投资过程中的重要环节，可以细分为“募、投、管、退”四个环节，涵盖了完成项目尽职调查并实施投资后到项目退出之前的整个过程。投后管理是投资机构参与项目管理、减少或消除潜在投资风险、实现投资保值增值的过程。

在私募股权基金投资过程中，投后管理是非常重要的一个环节。私募股权基金投后管理之所以重要，是因为它可以把控风险、增强企业的软实力、反哺投前。具体分析如下：

◆把控风险

私募股权基金投资完成后，投后部门不仅要把控基金经营风险，还要对经营环境、市场环境变化给被投资企业带来的各种不确定性影响进行把控。在此形势下，投后管理的主要作用就是帮助被投资企业降低试错成本，缩短完成初设目标所耗时间，帮助企业找到更合理的发展方向。

初创企业在A轮融资之前，尤其是在天使轮，财务体系、人员结构、商业模式都不完善。私募股权基金对这类企业进行投资，投后管理部门相当于这些企业的私人管家或者私人医生，可以从政策、市场、管理、资金链（财务）等维度帮助企业规避风险，实现投资的保值增值。

◆增强企业的软实力

做好投后管理，在该领域形成优势，可以有效提升投资机构的软实力。

随着资本市场的规模不断壮大，优质的创业项目逐渐成为稀缺资源。虽然很多创业项目不能在短时间内判断其好坏，需要一段时间进行培养，但投前部门要尽可能地降低企业孵化成本。目前，投资机构仅凭借资金支持已经无法吸引到优质的创业项目，更多投资者希望通过投后管理改善被投资企业的绩效，通过被投资企业的良好发展实现资金的保值增值。

◆反哺投前

（1）检验投资逻辑。检验投资逻辑体现了投前部门与投后部门相互辅助的价值。投资部门选定目标企业进行投资，整个过程耗时非常短，投资完成后需要投后部门进行长期跟踪回访，对投资人员的投资逻辑进行校验。

举例来说，投资机构投资了一家电商平台，计划通过将下游人员引入上游企业，最终将平台向大众开放。投资机构希望通过一年的运营，让电商平台汇聚一定规模的流量。但经过半年时间的发展，电商平台发现预先设定的商业模式走不通，进而转变业务模式，开始向下游产业人员提供服务。虽然这种业务模式获得了成功，但也降低了门槛，丧失了一定的吸引力。在这种情况下，投后部门就要对该项目亮起红灯，一边帮助电商平台调整商业模式，一边将情况如实地反映给投前部门。投前部门的相关负责人了解到情况之后，一方面要帮助电商平台解决问题；另一方面要吸取经验教训，在以后的投资过程中规避这类风险。

（2）调整投资布局。很多投资机构在设立私募股权基金时，都会提前确定好投资领域与投资轮次。在实际投资过程中，如果某个细分市场爆发出巨大的红利，就会涌现出很多创业项目。面对这种情况，投后部门要严格把控每个领域投资项目的比例，保证投资项目的质量。例如，如果投资机构已经在某个细分领域投资了多个项目，投后部门要提醒投前部门在投资同类项目时考虑这些项目的差异性，适当地提高投资门槛。

当前，实力雄厚的投资机构可以在同一细分领域投资多个项目，看在同一种商业模式下哪个团队能够优先胜出。如果不考虑投资机构的经济实力，仅从投后管理的角度看，分散投资领域，让投资项目多元化，可以在一定程度上降低投资风险，而且可以扩大基金的覆盖范围，拓展基金的成长空间，对接更多资源，孵化出更多优秀的创业项目。

5.3.2　PE投后管理的模式与策略

私募股权投资需要做好投后管理，才能保证资金的使用效率，规避投资风险，让投资机构获得预期或者超预期的收益。PE投后管理的主要模式与策略分析如下：

◆ PE投后管理的主要模式

为了提高投后管理效率，增加被投资企业的价值，经过投资机构不断的实践与探索，形成了三种投后管理模式。

（1）投前投后一体化模式。这种模式也称为“投资经理负责制”，指的是从投前的尽职调查、投资过程中的交易到交易完成后的跟进与管理、资金退出等环节，实行投资经理“一站式”负责制度。因为投资经理要负责很多事项，所以这种模式对投资经理的投资经验、时间与精力等都有很高的要求。随着投资经理负责的项目越来越多，投后管理只能是简单的基础回访与财务数据收集，无法为被投资企业提供更多有益的意见与建议，更无法为其提供更多增值服务，最终只能沦为“投而不管”。目前，中小型私募股权基金投资机构常采用这种模式。

（2）专业化投后模式。这种模式也称为“投后负责制”，指的是投资机构安排管理团队专门负责被投资企业的投后管理工作，制定详细的管理计划，为企业提供专业化的指导与帮助。例如，投资机构安排管理团队对企业推出的重大项目进行跟踪，指导企业进行财务管理，提升财务运营质量等。目前，达晨创投和九鼎投资采用的就是这种投后管理模式。在这种投后管理模式下，因为投后人员没有参与前期的投资事宜，所以在投后管理过程中需要花费大量时间与精力了解被投资企业，时间成本比较高。

（3）“投前+投后”互补模式。“投前+投后”互补模式其实是“投资+运营+专家”三位一体模式。采用这种模式的投资机构通常会在内部设立管理团队与运营团队，专门为被投资企业提供增值服务。如果被投资企业在运营过程中遇到了管理团队与运营团队都无法解决的问题，再由第三方专业咨询机构提供解决方案。目前，一些大中型的私募投资机构经常采用这种模式。因为这种模式属于双重责任制模式，无法对投前、投后的工作绩效进行量化，更无法对企业价值的提升效果进行科学评估。

◆ PE投后管理的策略

私募基金管理人员参与投后管理的三大策略如表5–9所示。

表 5–9　私募基金管理人员参与投后管理的三大策略

主要策略	具体内容
关注被投资企业的经营状况	根据投资协议的规定，投资机构有权了解被投资企业的经营状况。一般来说，被投资企业要定期向投资机构提交与企业经营状况有关的报告，例如月报、季报、半年报、年报等。投后管理人员可以根据这些报告了解企业各项业务的进展，获知投资协议的实际执行情况
参与重大决策事项	按照投资协议约定，投资机构的投后管理人员有权参与被投资企业的股东大会（股东会）、董事会和监事会，对各项议案进行审议并发表意见，以维护投资机构的合法权益。如果被投资企业在日常经营过程中遇到突发事件，需要进行危机公关，投后管理人员要及时参与，提供专业的解决方案，做出快速应对，将突发事件对企业的不良影响降至最低
为被投资企业提供增值服务	投资机构可以为被投资机构提供的增值服务有很多，包括帮被投资企业制定战略发展规划、调整企业的法人治理结构、优化财务管理流程、开拓市场营销渠道等。为了给被投资企业提供更专业的增值服务，投资机构要培养一支既掌握了丰富理论，又有实践经验的专业化团队，在实践过程中不断吸取经验教训，保证投后管理的效果

5.3.3　PE各轮次投后管理侧重点

如果投资项目需要的资金体量比较大，投资机构一般会组建专门的投后管理团队，实时关注被投资企业的发展情况，规避投资风险。当前，企业所处的发展阶段不同，投后管理的工作方式也不同。下面我们从A 轮之前、A+轮到C轮、D

轮到Pre-IPO、IPO及以后四个阶段切入，对每个阶段投后管理的重点进行讨论，如表5-10所示。

表5-10　PE各轮次投后管理的重点

PE轮次	管理重点
A轮之前	攒团队，搭班子，合理化股权架构 商业模式梳理 融资对接
A+轮到C轮	盈利模式—变现渠道 战略融资
D轮到Pre-IPO	战略布局 战略融资或并购
IPO及以后	定期为企业“看诊”，保证企业健康发展

◆ A轮之前

（1）攒团队，搭班子，合理化股权架构。创业企业在A轮融资之前，团队配置、股权架构都不完善。在这个阶段，投资机构看重的不是项目，而是创业团队。从投资人的视角看，早期创业项目最重要的就是人，在创业初期就完成团队搭建的创业项目几乎是凤毛麟角。为了保证创业成功，提高投资回报率，投资机构要帮助创业公司完善团队，搭建合理的股权架构。进入A轮融资之时，团队已经基本成形，为创业项目后期发展储备了足够的人才资源。为了更好地帮助创业公司搭建团队，有些投资机构设立了人才招聘部门，专门为被投资企业招聘合适的人才。

（2）商业模式梳理。处在不同行业的创业企业要采用不同的方式梳理商业模式。例如，以数字新媒体公司为例，这类公司在A轮融资之前要紧抓核心业务，拓展其他的业务方向与商业模型，快速迭代，不要害怕犯错。进入A轮融资之后，创业企业基本形成了稳定的产品形态与商业模式，需要将重点转向完善产品方面，包括提高产品的稳定性、安全性等。在这一阶段，投资机构要辅助创业企业探索更有想象力、更有发展潜力的商业模式，降低企业的试错成本。

（3）融资对接。创业企业完成一轮融资之后，需要经过一段时间才会发起下一轮融资。在这个阶段，投资机构要与被投资企业制定融资规划，即当企业发展到某一阶段时再开启下一轮融资，而不是为了获取资金随意融资。

也就是说，在A轮融资之前，投资机构投后部门的主要任务有两项：一是帮助企业梳理融资规划；二是帮助企业确定融资后的企业估值，把控融资节奏。

◆ A+轮到C轮

（1）盈利模式—变现渠道。在这个阶段，投资机构的投后部门要帮助被投资企业完善商业模式，尤其要梳理盈利模式，打通变现渠道。虽然在天使轮融资阶段，创业企业也在探索适合自己的盈利模式。但在A+轮到C轮，盈利模式的探索更加重要，因为一套合理的商业模式可以为创业企业带来源源不断的资金与流量。例如，数字新媒体公司进入B轮之后，已经形成了一定的规模，接下来的重点任务就是提高企业运营效率，完善变现渠道。

（2）战略融资。初创企业进入这个融资阶段，相较于资金支持来说，它们更看重文化与战略层面的契合，除了获取资金支持外，还希望获得更多资源层面的帮助。因此，在这个阶段，投资机构的投后部门要深入了解被投资企业的战略规划与企业文化，对符合条件的投资机构进行筛选、梳理，引导创业企业与符合条件的投资机构对接。从这个方面看，投后部门在这个阶段扮演了专业投资顾问的角色，帮助创业企业与资本对接，为资本答疑解惑，明确企业未来的发展方向。

◆ D轮到Pre-IPO

（1）战略布局。D轮或者Pre-IPO需要的资金体量比较大，因此在这两个融资阶段，大体量基金占据着主导地位。进入D轮或者Pre-IPO融资的创业企业的商业模式已经非常成熟，盈利增长点也已经非常明确。在这个阶段，投后部门的主要任务就是协助企业进行战略布局，例如业务并购、完善产业链、为上市做准备等。

（2）战略融资或并购。在这个阶段，企业会开展一些并购活动，兼并中小企业，完善企业短板。进入这一阶段，投后部门的作用逐渐减弱，只要定期跟进项目进展，做好资源补充对接即可。如果被投资企业要开展融资、并购，投后部门要进一步加强投后管理。

企业并购是资本退出的一条路径。一般来说，进入B轮融资，企业是否愿意被并购，能否被并购就已经基本明确。进入D轮融资之后，如果企业希望被并购，投后部门要帮忙筛选合适的企业，并帮企业进行对接，使企业顺利地被并购。

◆ IPO及以后

相较于前面几个融资阶段，进入IPO及以后，投后部门所能发挥的作用相对有限，但不代表不需要。在这个阶段，投后部门应该扮演企业“私人医生”的角色，定期为企业“看诊”，保证企业健康发展。例如，投后部门要定期地对被投资企业进行财务回访，对重要项目或业务进行跟进，保证企业上市之后能够有序扩张，保证投资机构能够源源不断地获取利益。

完成IPO之后，大多数企业都能够有计划地扩大自己的战略版图，但也有一些企业会盲目收购。其实，在这个阶段，企业进行战略布局也好，开展投融资并购也罢，都要立足于自身的产业格局，思考并购后企业的发展方向，以及并购行为为企业带来的益处。需要注意的是，无论在哪个融资阶段，企业想要实现长久发展，必须做好技术创新与商业模式创新，这是企业发展的永恒话题。

5.3.4 PE投后管理实务操作要点

在私募股权按基金投资过程中，想要做好投后管理，需要注意以下几点：

◆执行力

投后部门想要创造价值，必须将各项措施落地，切忌纸上谈兵。投后部门在投后管理的过程中，经讨论通过某个方案之后，必须尽快将方案落地。因为对于创业项目，尤其是早期的创业项目来说，时间就是一切，只有将各种方案快速落地，才能保证其产生价值。如果方案执行周期过长，很可能让企业错失良机。为了提高自身的执行力，投后部门可以适当缩短决策流程与管理流程。

◆内部有效配合

（1）高管重视程度。投资机构的高层管理人员要对投后部门予以高度重视，以免投后部门沦为后勤部门，发挥不出应有的价值。为了做到这一点，投资机构的高层管理人员要适当地对投后部门放权，给予足够的激励，从战略层面提高投后部门的价值，让投后部门充分发挥作用，增强自身的软实力。

（2）制度化、流程化。投后管理的周期非常长，从时间节点来看，投后管理跨越了从项目尽职调查到基金完全退出的整个过程。但仅从时间划分来看，无法对投前、投后做出明确区分，自然也无法明确划分职责。为了解决这一问题，投资机构必须建立完善的内部管理体系，明确投后管理的制度与流程，让投后管理人员的各项操作规范化、流程化。

（3）投前投后搭配，避免内部消耗。投资机构投资某个项目获利退出，不仅依靠投前人员的准确判断，还要依仗投后部门的跟进管理。只有投前部门、投后部门明确职责、相互配合，才能避免内部消耗，提升投资机构整体的实力与投资项目的成功率，在业内形成品牌。

◆投后是服务，也是管理

投资机构投资早期项目，所能获得的股权较少，对被投资企业的控制力不强，不需要设置内部猎头。再加上，被投资企业对投资机构存在些许敌意，认为投资机构想要夺取企业的控制权。面对这种情况，投后部门必须端正姿态、摆正定位，以为被投资企业服务为第一要义，在跟进管理的过程中不能影响企业的正常运营。投资机构设立投后部门的主要目的在于减少投资风险，确保资金能够保值增值。为了达到这一目的，投后部门要为被投资企业提供各种管理咨询，保证基金最终能够盈利退出。

在投后管理过程中，为了保证投后管理过程顺利进行，达到风险监控的目的，必须建立一套科学合理的投后管理机制。在投资机构与被投资企业商定投资事宜、签署投资协议时，就要明确投后管理模式，并将管理权力在正式的投资协议中体现出来。

具体来看其方式主要有三种：第一种，向被投资企业派驻董事，因为在私募股权基金投资中，投资机构进行的大多是财务投资，并不要求控股权，因为只能派驻一名董事，无法对董事会的通过事项产生影响，可以要求其他权力；第二种，向被投资企业派驻财务负责人，因为投资机构与被投资企业之间的信息不对称，为了防止发生“道德风险”，投资机构可以向被投资企业派驻财务负责人，对被投资企业的财务情况进行监管；第三种，投资机构可以根据具体情况向被投资机构派驻其他管理人员。

◆建立完善的管理机制

投资机构要在企业内部设立投后管理部门，制定合理的管理架构，聘请或者培养专业的投后管理人员，明确其工作职责与范围，做好对每一家被投资企业的投后管理。

根据投资协议的规定，被投资企业每个年度都要向投资机构提交财务报表。投后管理人员要对财务报表进行深入分析，及时发现被投资企业存在的问题，要求负责人给出合理的解释，共同商讨解决办法。同时，投后管理人员要定期参加被投资企业的董事会、股东会，对各项议案进行研究与论证。投后管理最重要的一点就是投后管理人员必须对被投资企业保持持续关注，及时了解被投资企业所处的市场环境、行业环境以及上下游企业的发展动态，与被投资企业的负责人保持良好的沟通，必要时可以前往企业进行调研。

第6章　资本对赌

6.1　对赌协议：投融资双方之间的博弈

6.1.1　对赌协议的概念与基本要素

2015年，欧洲最大的私募股权基金CVC向香港高等法院申请冻结内地餐饮集团俏江南创始人张兰旗下资产，并获得批准，此案的发生要追溯到俏江南在2008年在融资过程中签署的对赌协议。出于加速企业发展的目的，俏江南于2008年与鼎晖投资签订对赌协议，获得后者提供的2亿元资金支持。根据协议条款，如果俏江南在2012年底不能成功上市，鼎晖就可以通过股权回购方式退出投资。

协议签订之后，俏江南屡次尝试在港股与A股市场上市均未成功，为了按照约定让鼎晖退出投资，只能将股权转卖给CVC旗下的甜蜜生活美食集团。此次对赌以失败告终，投资人与融资方均未从中获益。俏江南控股股东张兰失去了企业控股权，鼎晖的投资也没有获得预期收益。

很多投资机构进行私募股权投资时，会使用对赌协议（Valuation Adjustment Mechanism，VAM）来保护自己的利益、降低投资风险。立足于融资企业的角度来分析，对赌协议既能够给企业带来机遇，也能够给其带来挑战，这种金融工具既能够为企业的发展提供驱动力量，也会让企业承担较高的风险。

◆对赌协议的概念

对赌协议又称估值调整机制，由机构投资者与融资企业的管理者共同签订，评判标准主要是企业的财务业绩指标，也有部分企业以公司上市为最终标准，其筹码则是企业的股权。具体而言，投资机构会与企业提前设定一个业绩指标，到达约定时间后，如果企业实现了这个指标，就会得到投资者转让的股份，这部分股份的价格会低于市场价，有的企业甚至无须为此支付任何费用；反之，如果企业没有达到预定指标，就要为投资者提供股份，这部分股份同样低于市场价格，甚至无须支付任何费用，以此弥补投资者的利益损失。

◆对赌协议的基本要素

对赌协议有三大基本要素，如表6-1所示。

表 6-1　对赌协议的三大基本要素

基本要素	主要内容
对赌协议的主体	投资方和融资方是对赌协议的主体，为了充分发挥对赌协议对管理层的激励作用，加快企业发展速度，让投资方获得更高的投资回报，通常会让融资方企业的管理层参与其中，尤其是那些处于初级发展阶段的初创企业，投资方与之签订对赌协议时，为了尽可能地留住优秀人才，会积极鼓励企业管理层加入对赌协议
对赌协议的筹码	不同融资企业对赌协议的筹码可能存在一定的差异，创业公司资源匮乏，能够提供的筹码主要是股权，投资方也乐于接受这种筹码。成熟企业不仅能提供股权，还可以提供现金、管理层更换、董事会席位等筹码。从筹码本身的作用来看，凡是可以制约双方利益的事物都可以作为对赌协议的筹码
对赌协议的行权条件	行权条件是对赌协议的核心内容，如果行权条件过高，融资企业难以完成预期目标，要付出现金、股权等高额代价，由于企业增长达不到预期水平，投资方也很难获得足够的投资回报。如果行权条件过低，融资企业可以轻易地完成预期目标，难以对企业管理层产生足够的激励作用，对投资方投资风险控制、获得可观的投资回报较为不利

6.1.2　投融资对赌协议产生的动因

对赌协议之所以存在，就是因为投融资双方之间无法实现信息对称。融资企业对自身的实际经营及发展情况了如指掌，但投资方只能通过第三方机构的调查来了解企业的相关情况，无法深入、全面地掌握所有信息。在这种情况下，投资方会选择通过对赌协议保障自身的利益。与此同时，对赌协议能够对融资企业的管理者发挥激励作用，推动双方交易的达成。

◆从投资方视角看对赌协议

（1）信息不对称。导致出现信息不对称情况的因素包括主观因素和客观因素两大类。在主观因素方面，融资方为了得到足够的发展资金故意隐瞒关键数据甚至造假；在客观因素方面，投资方的尽职调查流于表面，或者调查方式与策略不当，导致对企业的真实情况缺乏足够的认识。也就是说，信息不对称这种情况在投资过程中很难完全避免。因此，投资方为了控制投资风险、保障投资收益，与融资方签订对赌协议获得投资估值调整权，以便遇到突发状况能够尽可能地降低损失。

（2）降低投资决策风险。投资结果是无法预见的，高盛、摩根大通等国际顶级投资机构也无法保障投资决策的科学性与合理性，风险投资的成功率甚至不到10%。在完成对赌协议的过程中，持有资金的投资方往往处于优势地位，通过对赌协议控制投资风险自然是一件很正常的事情。

（3）实现利益最大化。虽然战略投资者不刻意追求财务回报，但和财务投资者一样也希望融资企业能够实现快速发展，为其带来用户增长、业态补充等非财务性收益。所以，为了实现利益最大化，通过和融资企业及其管理层签订对赌协议，激发管理层工作的积极性很有必要。

◆从融资方视角看对赌协议

（1）获得必要的发展资金。很少有融资企业会主动和投资方签订对赌协议，更多的是为了获得发展资金而做出的无奈选择。资金是企业发展的核心资源，尤其是在免费主义大行其道的国内互联网行业，如果没有足够的资金支持，企业很难维持基本生存。所以，为了获得必要的发展资金，很多企业会以签订对赌协议为代价让资本方注资。

（2）谋求海外上市。我国资本市场尚不完善，企业在国内上市流程复杂，时间及人力成本高昂，而通过和国际资本签署对赌协议，可以利用其丰富的资源在海外上市。

（3）提高品牌知名度。目前，在中国市场投资中国企业的国际资本以大型国际投行为主，具有较高的国际知名度与影响力，能够得到其资金支持是对企业未来发展前景的充分肯定，会获得国内国际媒体的广泛关注，从而提高企业品牌的知名度。

6.1.3　对赌协议的对象与主要工具

对赌条款的形式并不是单一的，对赌内容除融资方的财务绩效指标之外，还有非财务指标、管理层趋向、企业行为等。其中，财务绩效指标包括企业净利润、息税折旧摊销前利润、业绩复合增长率等。对赌协议的条款内容多与现金、股权、控股权等相关。

◆对赌的对象

通常来说，对赌协议的主要参考对象是与企业业绩相关的指标，例如盈利水平，根据企业的盈利水平是否达到对赌协议约定的目标来衡量是否需要对投资方进行补偿。但在具体实践过程中，尤其是与国外投资机构相关的对赌协议中，对赌的对象往往比较宽泛，如表6–2所示。

表6–2　对赌对象的类型

类型	主要内容
企业利润水平	融资方企业的利润水平是对赌协议中最常见，也最为重要的衡量指标。由于基金投资议价一般以利润为参考对象，因此参照企业的利润水平进行博弈也最为普遍
其他财务指标	除企业的利润水平外，其他能够反映公司财务情况的指标也可以作为对赌的对象，例如利润率、年收入等。一般情况下，根据企业的具体情况，投资条款以及对赌条款需要进行相应的调整
战略投资的引进	在具体的对赌协议中，投资方可能会要求企业在一定的时间期限内引进一定金额的战略投资。但因具体情况不同，战略投资的引进性质也不同。如果投资方以是否引进战略投资来调整后续的投资条件，那么战略投资的引进就是对赌对象；反之，则只为先决条件

类型

类型	主要内容
管理层的锁定	出于对融资方经营管理能力的考虑，投资方可能在对赌协议中要求锁定企业的管理层，尤其是其中某一位或几位重要的管理层成员
生产指标	与企业的生产或经营相关的指标也可以作为对赌对象。尤其当融资企业具有上市等方面的计划时，专利权取得或高新技术企业认定等条件可能影响投资方的投资策略
上市	上述提到的其他指标都可以归为过程性指标，上市则是结果性指标。双方往往会约定一个时间节点，以企业能否成功上市作为对赌对象，如果企业未能达到上市目的则需要对投资方进行补偿
其他	根据融资企业的性质，双方也可以约定其他的对赌对象

◆对赌工具

对赌工具，也即对赌结果，需要根据企业能否达成对赌目标来决定。具体来看，常见的对赌工具如图6–1所示。

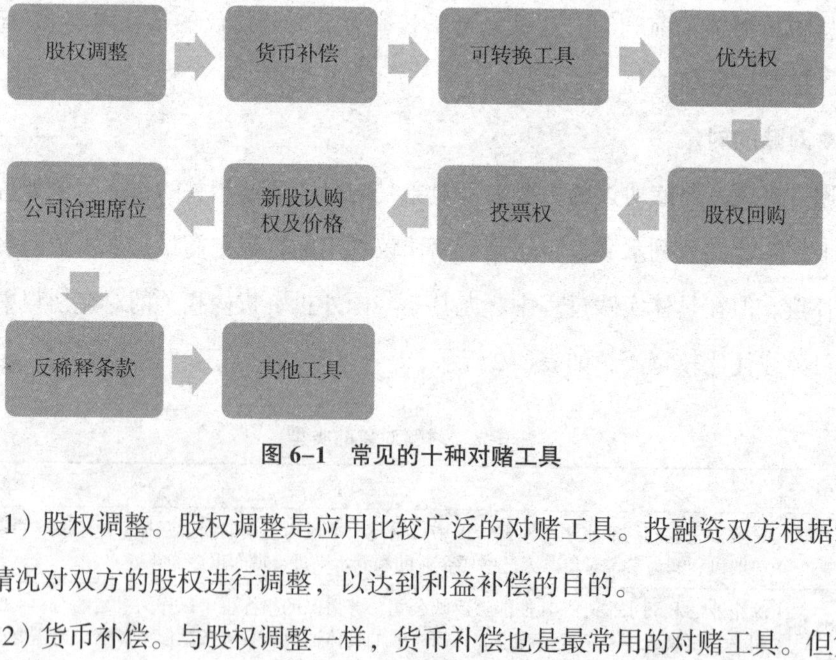

图 6–1　常见的十种对赌工具

（1）股权调整。股权调整是应用比较广泛的对赌工具。投融资双方根据约定完成情况对双方的股权进行调整，以达到利益补偿的目的。

（2）货币补偿。与股权调整一样，货币补偿也是最常用的对赌工具。但货币补偿与股权调整存在一定的差别，直接依据双方的约定进行特定金额的补偿。

（3）可转换工具。根据具体内容来看，可转换工具包括两类：一是可转换优先股；二是可转换债券。

优先股，即能够享有优先权的股票。可转换优先股可以按照事先约定的比例转换为普通股。由于在转换之前，投资人享有的清偿顺序和收益分配顺序优先于普通股，所以优先股可以在一定程度上维护投资人的利益。

可转换债券，债券持有人可以按照发行时约定的价格将债券转换成公司的普通股票。因此，可转换债券兼顾债权和股权的双重性质。

（4）优先权。优先权即能够优先享有的权利，具体包括股东利润分配优先权以及企业面临清算时的剩余财产分配优先权等。

（5）股权回购。对赌协议中的股权回购指的是企业未完成约定目标时，投资方有权按照约定条件回购股份。

（6）投票权。根据对赌协议中目标的完成情况，调整双方所拥有的投票权。

（7）新股认购权及价格。基于双方的约定，投资方有权认购融资企业的新股，并享有约定的价格。

（8）公司治理席位。基于双方的约定，可以调整融资企业的公司治理席位。

（9）反稀释条款，也称反股权摊薄协议，指的是融资公司进行后续项目融资或者定向增发过程中，投资方防止股份贬值或股份被过分稀释所约定的协议。狭义的反稀释条款，即要求保证投资时拥有的股票价值或持股比例；广义的反稀释条款包括增加资本或转让股权的权利。

其中，增资认购权指的是融资企业在发行股票时，投资方拥有增加资金认购股票的权利，以保证所持有的股份比例不会发生大的变化。而后续融资价格约定，指的是融资企业在后期融资时按照最低价格或股份的加权平均价格转让股票，防止投资方的股份被摊薄。

（10）其他工具。在具体投资过程中，双方还可以约定其他的对赌工具，例如与公司资产与控制权有关的要素。

6.1.4 对赌协议中常见的13种条款

由于合作双方的公司性质以及诉求等方面的不同，对赌协议的内容往往也具有一定的差异。对赌协议中最常见的条款包括13种，下面对这13种条款进行具体介绍：

（1）财务业绩。与财务业绩相关的条款是对赌协议的核心内容。财务业绩，即协议约定的融资企业需要在限定期限内达到的财务目标。由于企业的估值往往以业绩为参考指标，因此，企业想要获得高额的估值，就需要争取更高的财务业绩。

在对赌协议中，如果融资企业未能达到约定的业绩目标，一般需要用资金或股份对投资方进行补偿。

（2）上市时间。对赌协议中的“上市时间”一般指融资企业能否在协议约定的时间上市。如果企业未能完成上市约定，则需要回购投资方的股份或者进行赔偿。

（3）非财务业绩。除了与企业财务相关的指标外，对赌协议中往往也包括非财务业绩，例如企业的技术研发水平、员工规模等。但为了企业的长远健康发展，非财务业绩不应该设置得过于详细。

（4）关联交易。关联交易指的是企业关联方之间的交易。为了防止出现利益输送情形，投资方往往会要求融资企业不得发生不符合规定的关联交易。如若违反，则需要按照一定比例对投资方进行补偿。

（5）债权和债务。对赌协议中的债权和债务相关条款主要是指如果融资企业未向投资方披露债权、债务等相关情况，则需要对投资方进行赔偿，具体的赔偿金额按照公司承担债务和责任的实际赔付总额与投资方所持股份比例来确定。

（6）竞业限制。竞业限制主要包括三种情形：其一，融资企业的创始人或大股东不得通过其他公司或关联方，在公司外从事有竞争倾向的业务；其二，创始人在协议期限内不得离职，如若离职，不得从事有竞争倾向的业务；其三，创始人此前没有未到期的竞业禁止条款。

（7）股权转让限制。股权转让限制指的是协议双方的股权转让需要遵循协议设置的条件。当一方擅自转让股权时，仅仅通过对赌协议并不能改变股东变更的事实，相关股权限制条款也需要在公司章程中注明，以增强约束力。

（8）引进新投资者限制。为了维护投资方的利益，对赌协议中往往会注明引进新投资者的限制条款。例如新投资者认购公司股份的价格不能低于投资方认购时的价格。如果发生类似情形，投资方有权将自有股份折价兑换，将已购股份自动调整为新投资者认购价格。

（9）反稀释权。与"引进新投资者限制"类似，"反稀释权"也是用于维护投资方已有的股权比例。具体指的是新投资者等额投资后所获得的权益不得超过投资方，并且新投资者的加入不会对投资方拥有的股权比例造成影响。

（10）一票否决权。根据《公司法》规定："有限责任公司的股东会会议由股东按照出资比例行使表决权，公司章程另有规定的除外。"对于有限责任公司，投资方可以要求在公司股东会或董事会中对特定决议事项拥有一票否决权；而对于股份有限公司，投资方一般根据所拥有的股份比例享有表决权。

（11）管理层对赌。如果融资公司未能完成协议目标，投资方可以根据双方的约定增加对公司的管理和控制权。

（12）回购承诺。在协议约定的期限内，如果公司违反约定内容，需要回购投资方所持有的股份，具体回购公式为：大股东支付的股份收购款项=（投资方认购公司股份的总投资金额-投资方已获得的现金补偿）×（1+投资天数/365×10%）-投资方实际取得的公司分红。

（13）违约责任。依据协议内容，任意一方违反约定需要承担相应的违约责任，向对方赔偿损失。

6.1.5　理性看待对赌协议的利与弊

企业与投资者签订对赌协议是为了谋求双方共同的利益，投资者试图利用对赌条款促使投资对象加速发展，从而达到股权增值的目的，从中获取收益；被投资企业则试图筹集资金，支撑自身发展。现实中既存在对赌成功的案例，也不乏失败的代表。例如，蒙牛乳业成功达到并超出预设的业绩指标，在加速发展的同时大大提高了品牌的知名度。永乐电器则因为参与对赌面临巨大的业绩压力，最终铩羽而归。由此可见，对赌协议既能够为企业发展提供动力，也要求企业承担较高的风险。

下面我们从融资企业的角度对对赌协议给企业带来的积极作用与负面影响进行分析。

◆对赌协议在企业融资中的积极作用

对赌协议在企业融资中的积极作用主要表现在三个方面，如图6–2所示。

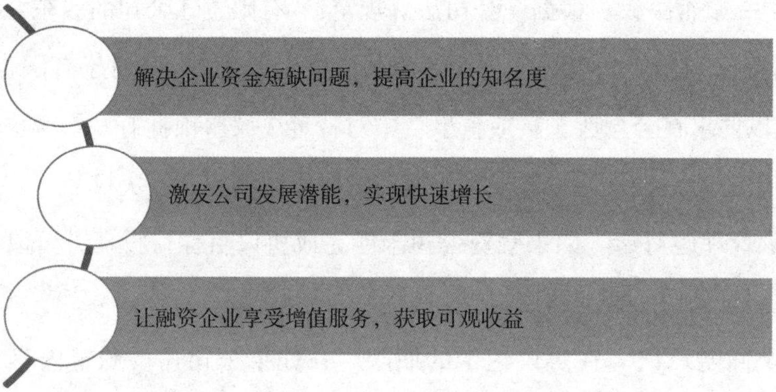

图 6–2　对赌协议在企业融资中的积极作用

（1）解决企业资金短缺问题，提高企业的知名度。企业的发展离不开资金的支持，但很多刚成立不久的企业，因为不具备规模基础、难以有效抵御风险、没有抵押物等，无法采用发行债券、银行借贷等传统融资方式解决资金短缺问题。在这种情况下，部分企业会与投资机构签订对赌协议，引入风险投资、私募股权投资弥补资金短板，将所得资金用于产品研发、市场拓展、人才招聘等，从各个方面推动自身发展，壮大企业规模。

由此可见，利用对赌协议，初创企业可以通过风险投资、私募股权投资等方式筹集资金，解决企业面临的资金问题，加速发展。如果投资者拥有较高的知名度，企业签订对赌协议的行为还会在媒体平台传播，聚集更多人的目光，从而提高企业的知名度，为后期市场运营开辟道路。

（2）激发公司发展潜能，实现快速增长。对于融资企业来说，签订对赌协议能够调动其工作的积极性，促使管理层全身心地投入公司的经营发展，为公司做出更多贡献，同时还能促进公司各个部门相互协作，共同致力于提高公司业绩。

（3）让融资企业享受增值服务，获取可观收益。如果企业能够在约定时间内达到预设的业绩指标，投资方手中的股份就会增值，所以在签订对赌协议后，投资方通常会为企业提供力所能及的支持，促使其在对赌中成为赢家。在具体运营过程中，很多投资机构不会涉足企业的运营，但其本身十分擅长市场运作，能够给企业提供相关的指导，并使其享受增值服务，包括优化企业现有的治理结构及管理体制、指导企业制定科学的市场开拓战略、为其提供后续的资金支持等。

企业在投资者的支持下能够快速发展，乃至成功上市。另外，如果企业在约定时间内完成预设的业绩指标，还能得到投资者的奖励。既解决了自身的资金短缺问题，又增加了企业的收益，还能提高企业品牌的知名度，为后续发展奠定基础。

◆对赌协议在企业融资中的负面影响

对赌协议在企业融资中的负面影响也表现在三个方面，如图6–3所示。

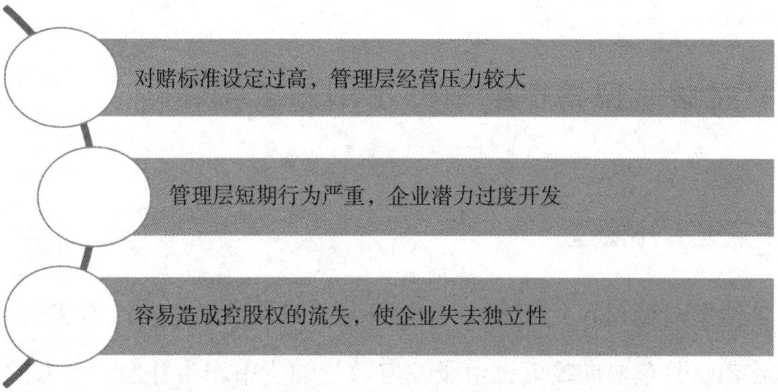

图 6–3　对赌协议在企业融资中的负面影响

（1）对赌标准设定过高，管理层经营压力较大。投资机构的根本目的是追逐利益，出于提高自身收益、降低风险的目的，投资者通常会故意提高业绩指标。融资企业签订对赌协议，就意味着它们对投资者设定的标准没有异议，就会面临巨大的业绩压力。如果企业无法在对赌中获胜，就要付出更多股份或金钱来弥补投资者的损失，这会给企业管理者带来巨大的思想压力。

在具体实施过程中，管理者会把大部分精力投放到业绩提升方面，忽视企业的内部管理，不注重提高企业的风险抵御能力，也很少考虑业务结构方面的问题，不利于企业可持续发展。在这种情况下，如果经济发展呈下滑趋势，企业经营入不敷出，与投资者签订的对赌协议就会进一步加重企业的负担，导致企业发展举步维艰。

（2）管理层短期行为严重，企业潜力过度开发。融资企业为了在对赌过程中获胜，提高自身的盈利能力，实现预设的业绩指标，可能会牺牲企业的长远利益，不顾企业实际的经营能力和具体情况盲目实施并购战略，急于扩大企业规模，在短期内迅速挖掘企业发展潜力，导致股东利益受损。

（3）容易造成控股权的流失，使企业失去独立性。在签订对赌协议时，“赌注”通常为融资企业的股权，这就表示如果企业无法在对赌中获胜，就要出让一定的股权给投资机构。如此一来，企业管理层对公司的控制权就会下降，民营企业会面临更严重的损失。

6.2 对赌协议常见的典型类型及案例解析

6.2.1 货币补偿型

货币补偿型对赌协议约定的主要内容为：如果目标企业没能实现对赌目标，目标企业或者原股东要向投资方给予一定数量的货币作为补偿，双方的股权比例保持不变。

【案例6-1】 小肥羊货币补偿对赌

2008年7月26日，3i集团与普凯基金共同向小肥羊餐饮连锁有限公司注资2500万美元，其中3i集团出资2000万美元，普凯基金出资500万美元，两家外资企业所持股份总额超过了20%，其他股份均为个人出资。随着这些资本进入，小肥羊创始人张钢及陈洪凯的股份被严重稀释，不足40%。

3i集团、普凯基金与小肥羊约定：2008—2011年，小肥羊每年的业绩复合增长率不能低于40%，也就是说，小肥羊每年的销售额与利润的同比增长速度不能低于40%。如果完不成这个业绩目标，小肥羊要向两家投资机构提供现金补偿。

【案例6-2】 隆鑫通用原股东货币补偿对赌

隆鑫通用动力股份有限公司（以下简称隆鑫通用）在招股书中披露，如果2010年隆鑫通用的净利润不足5亿元，隆鑫控股或银锦实业就要向股权受让各方提供现金补偿，补偿金额为：各财务投资者支付的转让价格×（1-2010年经审计的归属于标的公司本身的净利润5亿元）。

【案例6-3】 甘肃世恒货币补偿对赌

2007年，苏州海富投资与甘肃世恒签订《增资协议书》，其中就约定了对赌条款：海富投资向甘肃世恒注资2000万元，占甘肃世恒增资后注册资本的3.85%。如果甘肃世恒在2008年的净利润不足3000万元，就要向苏州海富投资提供现金补偿。如果甘肃世恒拒绝补偿，就由甘肃世恒的原股东香港迪亚履行补偿义务。

6.2.2 股权调整型

股权调整型对赌协议约定的主要内容为：如果目标企业完成对赌条款约定的业绩目标，投资方要以低价或者无偿的方式向目标企业的原股东转让一部分股权；如果目标企业没能完成对赌条款约定的业绩目标，目标企业的原股东要以无偿或者低价的方式向投资方转让一部分股权，控股权不变。此类典型案例有外国著名投行机构参股蒙牛乳业以及永乐电器等。

【案例6-4】 蒙牛乳业股权调整对赌

以蒙牛集团为例，该公司为筹集资金，在2002年12月引进摩根士丹利、鼎晖和英联的投资，并与投资方签订对赌协议，约定自2004年起的三年时间里，蒙牛的GAGR（复合年增长率）达到50%以上。若蒙牛达到这个指标，投资者将向蒙牛提供最多7830万股的股权转让，否则蒙牛需要向投资者提供最多7830万股股权。协议签订后，蒙牛动力十足，在管理层的不懈努力下，企业呈现蓬勃发展之势，于2004年6月实现了复合年增长率超过50%的目标，蒙牛也因此成为家喻户晓的品牌。

【案例6-5】 永乐电器股权调整对赌

2005年10月，永乐电器引进摩根士丹利、鼎晖的投资，设定了到2007年净利润超过7.5亿元的发展目标。如果公司获胜，就能得到投资者提供的4697万股股份奖励。为此，2005年，永乐电器调整经营战略，开始大规模扩张，并实施并购策略。然而，因为扩张战略超出了企业管理层的经营能力，导致公司的经营状况每况愈下，最终以被国美收购惨淡收场。这个案例表明，在对赌协议中，如果企业没有合理的发展规划，会损害其长远发展利益。

6.2.3 股权稀释型

股权稀释型对赌协议约定的主要内容为：如果目标企业没能完成业绩目标，目标企业要同意投资方以低价向企业增资一部分股权，典型案例如凯雷投资控股徐工集团工程机械有限公司。

【案例6-6】 徐工机械股权稀释对赌

2005年10月25日，凯雷徐工机械实业有限公司与徐州工程机械集团有限公司签署《合资合同》与《股权买卖及股本认购协议》，凯雷徐工以20.69125亿元的价格购买徐工集团持有的徐工机械的82.11%股权，同时，徐工机械增资2.42亿元，全部由凯雷徐工认购。在交易完成当期，凯雷徐工要支付6000万美元。如果徐工机械2006年的利润达到约定数额，凯雷徐工要增资6000万美元。上述股权转让与增资完成后，凯雷徐工将持有徐工机械85%的股权，剩余15%的股权仍由徐工集团持有。

6.2.4　控股转移型

控股转移型对赌协议约定的主要内容为：如果目标企业没能完成业绩目标，目标企业的原股东要以较低的价格向投资方转让部分股权。投资方不仅获得股权，还会获得企业的控制权，典型案例包括"太子奶"案和"包钢稀土"案。

【案例6-7】 太子奶案

2006年11月，太子奶引进摩根士丹利、高盛、英联的投资，并与投资者签订了对赌协议。根据协议，太子奶在融资成功后的三年时间里，要使其业绩增幅超出50%，如果达到这个标准，企业就能获得投资机构提供的股权；如果业绩增幅低于30%，企业将失去控股权。为了迅速提高业绩，太子奶实施了大规模的扩张战略，但行业总体发展呈下滑趋势，且企业经营没有跟上其高速扩张。最终，公司以失败告终，失去了控股权，股东的根本利益严重受损。

【案例6-8】包钢稀土案

2012年，包钢稀土发布公告，表示将向赣州晨光进行股权投资，投资额为6934万元。投资完成后，包钢稀土将获得赣州晨光9.25%的股权。同时，公告表示双方将签订补充协议，如果赣州晨光没能在三年内完成上市，6934万元投资款要转入赣州晨光的核心资产全南新资源，获得全南新资源30%的股权，成为全南新资源相对控股股东。如果因为小股东股权更迭，导致包钢稀土无法控股，赣州晨光及其股东要采取措施帮助包钢稀土稳定对全南新资源的相对控股地位。

6.2.5 股权回购型

股权回购型对赌协议约定的主要内容为：如果目标企业不能实现对赌目标，目标企业的原股东就要以高价（投资方的投资金额+固定回报）回购新股东的股份，让投资方退出投资。一般来说，这里的对赌目标主要包括经营业绩指标、公开发行股票并上市的IPO目标等。

【案例6-9】雨润食品融资案

雨润食品上市之前与高盛、鼎晖投资、PVP基金签订了对赌协议，约定如果雨润公司2005年的盈利达不到2.592亿港元，高盛、鼎晖投资、PVP基金三大投资机构有权要求控股股东以20%的市场溢价回购所持股份。2006年3月，雨润上市之后发布了第一份财务报告，2005年的盈利达到了3.6亿元人民币，在这场对赌中大获全胜，也为高盛、鼎晖投资、PVP基金三大投资机构带去了丰厚的回报。

【案例6-10】丰林国际融资案

2007年8月，丰林国际与国际金融公司签订股权转让协议，约定以1710元的价格向国际金融公司转让11.4%的股权。同时，丰林国际还与南宁丰诚、湖北东亚、上海兴思签订股权转让协议，以1650万港元的价格向南宁丰诚转让6.6%的股权，以250万港元的价格向湖北东亚转让1%的股权，以250万港元的价格向上海兴思转让1%的股权。

2007年8月1日，丰林国际与国际金融公司签订协议，约定向国际金融公司转让丰林木业旗下核心公司——百色丰林6.384%的股权。8月6日，丰林国际的实际控股人刘一川、丰林国际与国际金融公司签订股权转让与卖出期权协议，约定如果丰林木业在2009年12月31日之前不能完成A股IPO，国际金融公司有权在2010年1月1日至2014年12月31日将其持有的丰林木业及百色丰林的股权按照协定价格转让给丰林国际。

6.2.6　股权优先型

股权优先型对赌协议约定的主要内容为：如果目标企业没有完成业绩目标，投资方将获得股息分配优先权、剩余财产分配优先权、超比例表决权等。

【案例6-11】 金刚玻璃案

2007年12月9日和2008年1月10日，金刚玻璃及金刚实业分别与保腾创投、汇众工贸和天堂硅谷签订《增资扩股协议》，并在其中添加了对赌条款，约定投资方新股东享有优先权：如果投资方推荐的董事对股东大会的议案持反对意见，此项议案不能通过；如果投资方推荐的董事对董事会讨论的事项持反对意见，此事项不能形成决议。

具体来看，所议事项涵盖的内容很多，主要包括对外投资、对外担保、经营方向与主营业务的重大变更、股份转让、增加或者减少注册资本、后续融资方案、对外捐赠、高层管理人员或者技术骨干的聘用与解聘。

6.2.7 股权激励型

股权激励型对赌协议约定的主要内容为：如果企业完成业绩目标，投资方以低价或者无偿的方式向企业管理层转让部分股权，或者直接向管理层发放现金，以达到奖励、激励目的；如果企业没能完成业绩目标，投资方可以以低价或者无偿的方式从管理层手中获取股权，或者对管理层的股权转让做出一定的限制。这种对赌协议的最终目的在于刺激管理层努力工作，完成既定的业绩目标，投资方主动拿出自己的股权或者资金对管理层进行奖励。

【案例6-12】 沈阳新松机器人融资案

2008年5月，中信证券直投公司金石投资对沈阳新松机器人自动化股份有限公司进行股权投资，金石投资与沈阳自动化所、新松机器人签订定向增发协议，约定如果2007—2010年，新松机器人公司的净利润复合增长率超过27%，那么在此期间，新松机器人的管理层有权转让其现时持有公司股份的25%，除此之外不得转让持有的股份。如果新松机器人连续三个年度的净利润复合增长率均保持在27%以上，金石投资将向新松机器人每位管理人员发放20万元的奖金，奖金优先从金石投资减持新松机器人股票的收益中扣除。

6.3 初创企业融资对赌的风险与防范对策

6.3.1 企业融资对赌的经济风险

对赌协议的风险主要体现在两个方面：法律风险和经济风险。下面我们首先来分析融资对赌中存在的经济风险。目前，我国证券监督管理机构禁止企业签署IPO对赌协议，原因在于，在参与对赌机制的过程中，企业的股权结构可能会发生变动，对企业的经营管理及盈利能力产生影响。

国外的对赌协议除了财务绩效之外，还会考虑其他方面的指标，但国内对赌协议的关注点只有两个：财务绩效指标和股权回购。对国内对赌失败的案例进行分析可以发现，因为对企业估值过高导致私募股权投资失败的案例占比很大。

现阶段，我国大部分通过对赌方式融资的企业尚未上市。由于企业无法通过公开募股发行的方式进行融资，采用借贷方式又需要办理各种各样的手续，而且要承担较多财务费用，所以很多企业选择通过对赌获取企业发展所需资金。

但不少企业为了引进更多战略投资，设置的企业估值过高，没有充分意识到自己要承担的对赌风险。估值过高会给企业带来巨大的业绩压力，为了实现预定目标，企业可能会盲目扩张，在短期内过度开发自身潜力，牺牲长远利益。由此可见，对赌协议会使投融资双方都面临挑战，对赌失败意味着双输。

从企业的角度看，对赌协议的风险主要有四大来源，如表6–3所示。

表 6–3　对赌协议风险的四大来源

风险来源	主要内容
不切实际的业绩目标	对赌协议中包含不切实际的经营目标。在这种情况下，投资者注入资本之后，会将企业这种错误的发展战略无限放大，导致经营目标无法实现，不得不按照对赌协议进行资金补偿或者股权补偿，使企业陷入发展困境
急于获得高估值融资	企业急于获得高估值融资，对企业未来发展充满信心，没有认真考量投资人的要求，没有考虑内部环境或外部环境变化可能对企业发展带来的负面影响
忽略控制权的独立性	很多企业在引入资本时都会忽略控制权的独立性。虽然投融资双方是在相互尊重的基础上达成协议的，但有些投资者可能会向目标公司安排管理人员，插手公司的管理事宜，甚至会调整企业的经营业绩，在对赌过程中将目标公司置于不利地位。在这种情况下，企业管理者要想方设法保证企业决策的独立性，以免将公司置于危险境地
业绩未达标而丧失控股权	一般来说，国内企业间的“对赌协议”比较温和，但很多国外的投资者对企业业绩要求极为严厉，很可能因为业绩发展低于预期，导致标的企业的控股人失去企业的控制权

除了估值过高之外，企业所处行业的发展情况、企业管理层的经营能力、总体经济环境等也会对对赌结果产生影响。除此之外，参与国内对赌协议的以国际知名投资机构为主，相较于国内企业，这些投资机构更熟悉对赌条款内容，在对赌中掌握更多主动权。

6.3.2 企业融资对赌的法律风险

企业融资对赌要面临一定的法律风险，如表6–4所示。

表 6–4 企业融资对赌面临的法律风险

法律风险	具体内容
合法性风险	对赌条款的内容违反了法律规定，对赌双方要承担一定的法律责任，或者对赌协议无法获得行政审批，无法在相关部门登记备案，无法落地执行。例如，对赌协议中关于股权补偿或限制的约定违反了股份锁定规定，只能等待锁定期满后才能落地实施
民事效力风险	对赌协议的内容违反了法律法规中效力性的强制规定，导致部分条款无效或者全部条款无效，典型内容如额外表决权、一票否决权、清算设计等。另外，如果投资方是外资，对赌协议中涉及国有资产处置的相关问题，所有条款设置必须符合相关法律规定，以免对赌条款因为不符合生效条件而作废
上市发行风险	即便对赌协议中没有违反法律法规和不具备民事效力的条款，也有可能对上市审核造成影响，引发上市发行风险。中国证监会将五类对赌条款确定为IPO审核禁区，主要包括上市时间对赌、股权对赌协议、业绩对赌协议、董事会一票否决权安排、企业清算优先受偿协议。有上市计划的企业在签订对赌协议时要避开这五类内容
控制权风险	如果对赌协议涉及公司治理架构、投票权、提名权、特殊否决权、内部控制机制等内容，可能导致企业控制权发生变化，还有可能导致企业无法获得连续的经营业绩
公司存续风险	对赌协议往往约定退出方式为减资或者股份赎回，如果货币资金不足可能引发诉讼，导致公司运转陷入僵局，或者引发股东僵局，导致企业的正常存续受到不良影响
其他法律风险	对赌协议实施过程中可能遇到受补偿方的税收问题、支付补偿方的代扣代缴税务问题。如果投资方为外资企业，还可能涉及外商投资、外汇管制、支付境外收益的税收代扣代缴义务等。这些问题处理不当，都有可能为企业招致法律风险

一旦投融资双方在对赌协议上签字，就表示对赌协议具备了法定效力，双方必须严格遵守。对于投资方来说，对赌协议可以锁定风险，为其带来超额的投资收益；对于融资方来说，对赌协议可以产生极强的激励作用，释放自身潜力。因此，从本质上看，可以视对赌协议为一种激励方式。

6.3.3　企业融资对赌的风险防范对策

由于对赌协议产生的主要原因在于对企业未来盈利能力的不确定，主要目的在于有效保护投资人的利益。当企业达到对赌标准时，其引用资产促进发展的目的达成，投资方也可以从企业股价的上涨中获得收益。当企业未达到对赌标准时，企业不仅没有达到引资目的，而且需要割让大额股权补偿投资方，投资方虽然能够获得补偿，但也可能因为企业股价下跌蒙受较大的损失。

因此，对企业管理者而言，采用对赌方式进行融资时要充分考虑各方面的因素，有效防范企业融资对赌风险，具体策略如图6–4所示。

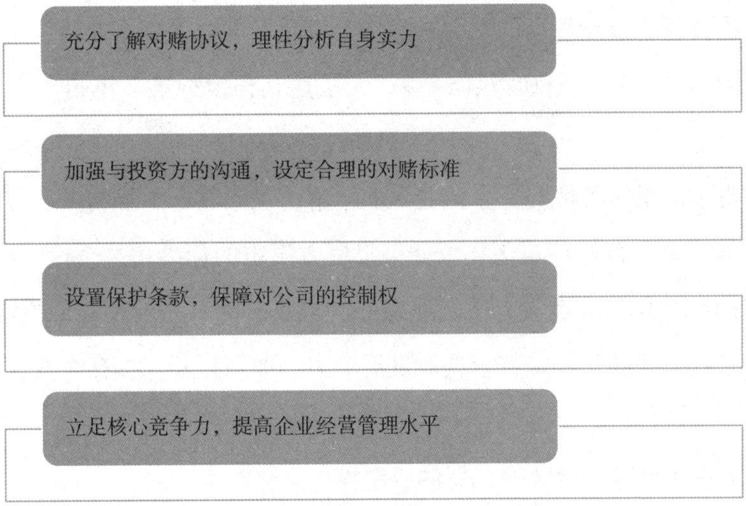

图6–4　企业融资对赌风险防范的四大策略

◆充分了解对赌协议，理性分析自身实力

企业有意通过对赌协议引进投资时，应该提前了解对赌协议的相关信息，之后再决定是否签署。在这个过程中，企业管理者不仅要看到对赌协议中对自己有利的一面，也要明确协议签署后企业需要承担的风险。除此之外，还要对比分析企业的其他融资方式，综合考虑对赌协议的优势与弊端之后做出最终决策。

如果企业决定采用这种方式，就应该对投资者开出的对赌条件进行理性分析，即便企业拥有快速增长的经历，也不要轻易接受投资方的要求。建议企业对当下的经营情况、未来的发展势头进行分析，并综合考虑整个行业的发展趋势与宏观经济环境，从多个维度对企业能否在对赌中获胜进行科学、有效的评估。

如果企业的条件不够成熟，例如股价超出企业客观经营情况、管理层的经营管理能力有限等，就不应该盲目签订对赌协议。即便企业条件成熟，在签订时也要特别注意对赌条款中规定的业绩赔偿方式、竞业限制、公司上市时间等内容。

◆加强与投资方的沟通，设定合理的对赌标准

投资方与融资方之间没有实现完全的信息共享。通常情况下，出于自身利益的考虑，投资者会设定较高的业绩指标作为筹码，部分融资企业为筹集资金，未充分考虑自身能力就签订协议，最终却无法达到预定标准，不得不承受巨大的损失。

为了避免出现这种情况，企业要提前了解协议条款，加强与投资方之间的沟通，对条款内容进行调整与优化。如果投资方设定的标准超过企业的能力范围，例如业绩标准太高，或者没有给企业足够的成长时间，企业就要向投资方反映，通过谈判来解决问题，设定符合企业发展潜力的业绩指标，提高企业在对赌中获胜的概率。

◆设置保护条款，保障对公司的控制权

签订对赌协议后，如果融资企业以失败收场，其管理层就会面临失去公司控制权的风险。针对这个问题，融资企业可以在对赌协议中添加保护条款，留有一定的余地。

具体而言，如果企业在约定时间内达不到预设的业绩指标，可以允许企业为投资者提供一定数额的补偿资金，无须继续执行对赌协议；如果企业最终对赌失败，也可以用高于原定标准的价格从投资方手中回购股权。尽管采用这种方式会使企业付出更多的资金成本，却能够有效避免失去公司控股权的风险。

◆立足核心竞争力，提高企业经营管理水平

有些企业为了在对赌中获胜，会迅速进行规模化扩张，尽管这种方式能够促使企业在约定时间内达到预设目标，但会牺牲企业的长期发展利益。因此，企业想要提高自身的盈利能力，实现上市目标，就要提高核心竞争力，体现自己的差异化优势，得到更多消费者的认可，不断拓展市场，积累更多资金。

另外，企业也不要忽视内部结构治理，同时要注重产品优化创新，进行团队管理，从各个方面提高经营管理能力，在与投资方协商的过程中掌握更多话语权，最终凭借自身实力赢得对赌，加速企业发展并提高发展的持续性。

6.3.4　对赌协议的条款设计与注意事项

企业签订对赌协议可能存在经济风险以及法律风险。因此，企业与投资方在设计对赌协议时要调整预期，设置合理的估值目标与重复博弈条款，并精心设计协议条款。

◆设置合理的估值目标

开展对赌交易的关键是做好企业的估值工作。通常情况下，融资者倾向于低估企业价值，投资者则恰恰相反。如果估值目标设立过低，就无法发挥应有的激励作用；如果目标设立过高，则会导致标的企业管理层只关注业绩提高而忽视经营管理，牺牲企业的长远发展利益，最终无法在对赌中获胜。所以，融资者需要综合考虑外部市场环境、宏观经济走向及自身实际情况，合理评定企业的价值。

另外，投资者在对企业情况进行调查时，企业应该尽力配合，方便投资者对其客观情况进行把握，进而合理地评估企业价值，促成双方之间的对赌交易，提高企业对赌获胜的概率。

◆对赌双方都要调低预期

虽然签订对赌协议并不会直接使企业陷入困境，但会让融资方面临比较大的风险，可能会使本就危机四伏的企业雪上加霜。因此，企业管理者在寻求投资的过程中，应该充分考虑对赌协议可能带来的风险。

从对赌协议的积极影响来看，其一方面能够保障投资方的利益，另一方面能够给融资方带来一定的激励效应。但对赌协议对企业的激励应该把握一定的限度，过度激励可能导致企业误入歧途。对投资方而言，其追逐的往往是短期利益，与企业的长远发展战略存在冲突，因此在签订对赌协议时，企业与投资方都应该尽量调整预期。

◆精心设计和协商协议条款

对赌协议的核心内容主要包括两部分：其一，企业经营业绩目标，一般约定一个时间期限，以盈利水平作为衡量标准；其二，对投资方的补偿措施，即企业未达到约定目标时，对投资方的赔偿方式以及额度等。

对企业而言，在设计和协商对赌协议条款时应该注意的事项如表6–5所示。

表 6–5　企业设计对赌协议条款的四大注意事项

注意事项	具体内容
推敲对方的风险规避条款	在签订对赌协议之前，企业经营者需要尽可能准确地评估企业的增长潜力，在对赌协议中合理设置业绩增长目标。为了减少对赌的不确定性，可以将对赌协议设置为重复博弈结构
设置合理的对赌筹码	在签订对赌协议之前，企业经营者需要基于自身的经营管理能力设置合理的对赌筹码。虽然更高的对赌筹码可能意味着更丰厚的收益，但同样可能给企业发展带来更大的风险
对赌标的不宜太细	在签订对赌协议时，企业经营者需要注意对赌标的不宜太细，因为详细的对赌标的可能影响企业经营者的判断。例如对赌协议要求企业的年收入达到1000万美元、盈利额度达到200万美元，企业经营者可能为了短期目标忽视企业的长期发展
需要特别注意合同细节	在签订对赌协议时，企业经营者需要特别注意合同细节。具体的条款可能会影响协议对双方是否公平，在有必要的情况下可以在对赌协议中设置保底条款

◆设置重复博弈条款

在对赌交易的过程中，投资方与融资方无须死守规定，可以设置弹性化的条款内容。在时间方面，双方可以设立宽松的预期并达成一致。在投资退出机制方面，双方也可以根据对方的要求进行弹性化设置。例如，投融资双方可以在签订对赌协议时设置重复博弈条款。

所谓重复博弈，指的是连续多次使用结构相同的博弈方式。例如蒙牛与摩根士丹利等机构的对赌协议就采用了多层重复博弈的估值调整机制，是创业型企业应用对赌协议的典型案例。

在具体应用过程中，企业与投资方可以设置多轮对赌博弈目标。此外，需要注意的是，第一轮的博弈过程应该起到一定的缓冲作用，也就是说，第一轮的博弈目标可以设置得稍低一些。经过第一轮博弈，双方建立了一定的了解和信任之后，可以对需要达成的业绩目标产生更清晰的认知。

第一轮博弈过程结束后，融资方会更清楚企业的经营管理水平，投资方则能准确评估企业的盈利能力。如果实现约定目标，双方经过调整可以开展第二轮博弈；如果未实现约定目标，投资方可以考虑是否退出投资。因此，设置重复博弈条款能够降低双方面临的风险。

第7章　公司控制权

7.1　控制权之争：牢牢掌控公司的主导权

7.1.1　公司控制权的概念与内涵

公司控制权，简单来说就是控制或影响公司发展的权利。具体来看，公司控制权涵盖了多个方面的内容，主要包括股权拥有权、重大事项表决权，以及能够控制公司资产安排、财务支配、技术开发、员工流动、客户变动等事项并影响公司整体发展的权利。

公司控制权实际上源于股东所有权，是一种经济性权利，也是公司相关利益的一种存在方式。由于公司控制权在很大程度上影响着企业发展，因此，在企业获取投资的过程中，公司控制权也成了企业和投资方争夺的核心。公司控制权的拥有情况在一定程度上反映了投融资双方的话语权。

在企业运营过程中，公司控制权主要体现在七个方面，如图7–1所示。

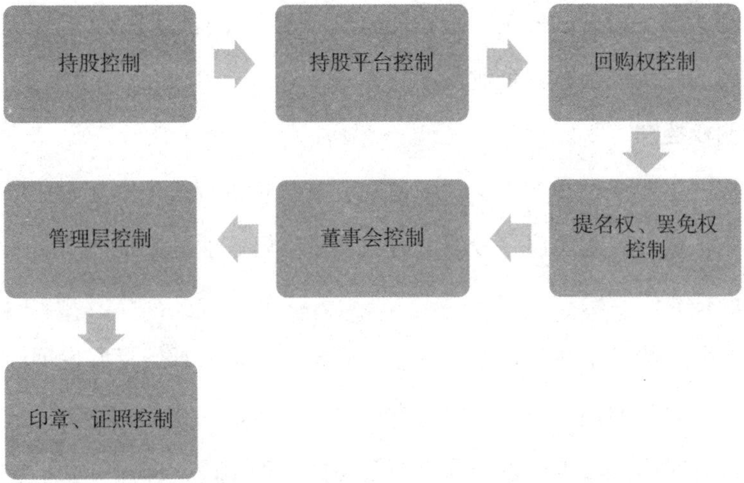

图 7-1 公司控制权的七个层面

◆持股控制

持股控制就是通过持有的股权对公司进行控制，是公司控制权最主要的表现形式。对于股份公司来说，股东大会是最高权力机关，由全体股东组成，能够对公司的重大事项进行决策，并对公司的经营管理有广泛的决定权。因此，股东的持股比例反映了其在股东大会拥有的表决权。

《公司法》第四十二条规定："股东会会议由股东按照出资比例行使表决权；但是，公司章程另有规定的除外。"第四十三条规定："股东会的议事方式和表决程序，除本法有规定的外，由公司章程规定。股东会会议做出修改公司章程、增加或者减少注册资本的决议，以及公司合并、分立、解散或者变更公司形式的决议，必须经代表三分之二以上表决权的股东通过。"

◆持股平台控制

与持股控制不同，有的企业的股东或实际控制人并不通过个体发挥对公司的控制权，而是通过设立持股平台对企业进行控制，持股平台一般为企业。对持股平台的控制实际上与持股控制一致，即通过对董事会、管理层等能够决定公司发展的决策者的间接控制影响企业发展。

◆回购权控制

回购权，主要指投资方为了保障自身利益，在投资过程中与企业股东（尤其是创始股东）签订回购协议，投资方有权要求融资企业的其他股东按照约定的标准回购自己持有的股票。

股权回购一般发生在企业发展无法达到预期目标、缺乏良好发展前景的情况下。出于保障自身利益的考虑，投资方可以按照协议的相关内容要求公司股东回购股权。但有时回购权也可以作为控制公司的一种手段，即投资方不要求公司股东回购股权，而是要求其他股东对企业的发展进行改组，以影响和控制企业发展。

◆提名权、罢免权控制

提名权和罢免权针对的主要是公司的董事和总经理。由于公司董事和总经理是公司重要的高层管理者，能够在一定程度上影响公司的发展，是大多数股东投票选择的结果。因此，对于股东来说，选择代表自己利益的董事和总经理十分重要。

但是，对于一般的股东来说，由于其持股数量较少，无法决定董事和总经理的任命，因此可以在相关的公司章程或投资协议中约定享有董事、总经理的提名权和罢免权，从而控制和影响公司的发展。

◆董事会控制

对于股份公司来说，董事会是仅次于股东大会的权力机关，主要负责处理无须由股东会决策的公司管理事项。因此，如果能够控制公司的董事会，也可以控制和影响公司一些重大事项或日常管理决策。

在股份公司中，董事会成员基本由股东委派，但并不意味着持股越多对董事会的控制就越多。出于保障自身利益的考量，股东可以要求在公司章程或者股东协议中约定董事会成员委派的相关事项。例如在某股份公司中，其董事会拟定的成员为三名，从资本占比角度考虑，持股比例只有10%的股东无权委派董事，但由于该股东与公司签订的协议中已经约定其有委派董事的权利，因此也可以与其他股东协商获得委派股东的资格。

◆管理层控制

由于管理层负责企业运营中各种事务的管理，因此如果能够控制管理层，也相当于拥有了对公司的控制权。根据我国相关法律法规的规定，高级管理层主要指公司的经理、副经理以及财务负责人等；在一些规模比较大的企业中，高级管理层还包括分管各个部门的总裁、副总裁以及核心研发部门的负责人等。

在企业的运营实践中，一般会在相关的公司章程中对公司高级管理层人员做出规定。如果投资机构要控制企业的高级管理层，可以在公司章程或股东协议中规定股东对高级管理层人员的委派权，从而委派能够体现自己意向的高级管理层人员。

◆印章、证照控制

印章和证照是公司的重要代表。公司对外签署文件时往往需要加盖公司印章，体现对外商业关系。因此，如果能够控制公司的印章和证照，实际上就相当于拥有公司对外商业行为的决策权。

7.1.2　公司控制权争夺的四大要素

公司控制权指的是对公司一切重大事务拥有的实际决定权，主要表现在三个方面：第一，公司财产的处置权；第二，董事会构成及董事任命的决定权；第三，公司重大事项与经营政策的决策权。公司控制权一般掌握在创始人、管理层和投资者手中，他们可以通过股权控制、协议控制或业务控制的方式对公司进行控制。

公司股权争夺反映的就是对公司管理权、控制权的争夺。因此，合理设计公司的股权架构具有十分重要的意义。例如良好的股权结构能够吸引更多优质投资；当企业进行融资或面对其他股权稀释情形时，良好的股权结构能够保障初创团队对公司的控制权；在企业进行新三板挂牌以及IPO等阶段，良好的股权结构是企业进入资本市场的坚实基础。可以说，企业的股权架构在很大程度上决定了企业是否稳定以及能否获得长远发展。

从广义层面来讲，公司控制权的争夺可以分为两大类：一类是发生在创始人与投资者之间的外部争夺；另一类是发生在创始人之间或者创始人与管理层之间的内部争夺。

国美电器，1987年1月1日由黄光裕创立，2009年当选中国最大的家电零售连锁企业。作为中国家电零售业连锁模式的创始人，黄光裕2008年因多项罪名被捕入狱。此后，国美管理权之争爆发。

黄光裕入狱后，国美第二大股东贝恩资本支持的陈晓推出“管理层股权激励计划”，使得黄光裕在国美电器持有的股权被摊薄。在2010年5月的国美股东大会上，黄光裕行使了其对这项决议的否决权，但随后陈晓却对贝恩资本提名的三位董事人选进行了重新任命。

由于对国美电器管理权的争夺日益激烈，在黄光裕及其背后资本的努力下，陈晓辞去了国美董事会主席及执行董事职务，国美电器度过管理权之争带来的危机。

国美电器当时的股权结构早已为公司控制权争夺埋下伏笔。虽然类似的股权结构在企业中并不少见，却很容易滋生董事会权力滥用、股东会与董事会不能相互制衡等问题，使企业难以维持长久稳定。

◆公司控制权争夺的核心要素

在股东会中心主义治理模式下，一般由大股东掌握公司控制权。但随着公司不断发展，业务不断增加，会逐渐将各项工作交给专业人士负责，导致公司运作对管理者的依赖程度不断提升。在这种情况下，大股东、管理层、投资者争夺公司控制权的事件频繁发生。公司控制权争夺一般围绕四大要素展开，如表7–1所示。

表7–1　公司控制权争夺的四大要素

基本要素	具体内容
股权	争夺公司控制权首先要拥有一定比例的公司股权。无论股东、投资者还是管理者都要通过合法的方式获得股权，才能享有相应的表决权，才能通过或否决某项提议
董事会	掌握公司控制权的关键在于对公司董事会的控制程度。想要让自己的某项提议通过董事会决策，就要在董事会掌握一定比例的席位。另外，想要操控董事会改组等事宜，还要掌握董事提名权与罢免权
经营管理层与财务资料	想要有效控制公司，最直接有效的方式就是控制经营管理层与财务资料，包括控制总经理、控制公司的核心业务、控制公司的实际财务资料等
法定代表人登记与公司印章	想要对外表示自己掌握了公司的控制权，最直接的方式就是占用法定代表人登记，控制公司印章

简言之，公司控制权争夺的核心要素就是股权、董事会、经营管理层、财务资料、法定代表人登记、公司印章等。

◆创始团队保持控制权的注意事项

随着公司规模不断扩大，可能需要引入外部资本。在这种情况下，创始人的股权会被稀释。尤其是在公司上市之后，经过多轮增发、配股，公司的股权结构会变得非常分散。面对这种情况，创始人如何牢牢掌握公司控制权，推动公司向着专业化、规模化的方向稳步发展是一大难题。

对于企业的创始团队来说，企业股权架构涉及的各项内容都非常重要。如果股权架构设计不合理，管理者就会陷入丧失企业控制权的困境。企业的成长壮大是一个从无到有的过程，其中蕴含了创始人各方面的投入。那么，怎样才能保证创始人不丧失企业的控制权呢？以下几点至关重要：

- 企业引进资金时，需要考虑是采用股份转让还是采用增资扩股。如果采用股份转让，创始人拥有的股份会逐渐减少；如果采用增资扩股，创始人拥有的股份被稀释的速度会相对减缓。

• 企业在引进股东时需要认清股东的角色，例如其参与企业的战略投资还是经营活动。

• 企业在引进股东时需要探究他们之间的关系，避免新股东联合行动的情况出现。

• 在企业经营管理过程中，创始人要制定合理的公司章程，利用公司章程维护自身的控制权。

股东对企业的控制权主要体现在股权、董事会和实际控制三个层面。对创始股东而言，为了掌握企业的控制权尤其需要注意投票权委托、一致行动协议、AB股票架构、董事会的控制以及间接控制等问题。

7.1.3 公司控制权与股权架构设计

企业要成长壮大往往需要充足的资金，持续不断地融资是企业抢占市场占有率的必要条件。对于企业原始股东来说，融资就意味着股权被稀释，即使在公司创立初期持有较大比例股份的股东，经历几轮融资后持股比例也会大幅降低。

因此，对于企业的股东，尤其是创始股东而言，要牢牢掌握对公司的控制权，就应该设计完善的股权架构。需要注意的是，股权架构设计不仅包括股权比例划分，还应该约定股东的权利以及法人治理结构等方面的内容。

下面从不同的股权架构出发分析公司的控制权问题（见表7-2）。

表 7-2 不同股权架构下的公司控制权

股权占比	公司控制权	主要表现
67%和33%	绝对控制权	如果单个股东独自或多个股东共同拥有67%以上的股份，也就拥有了对多个公司重大事项的决策权和绝对控制权
51%和49%	相对控制权	如果单个股东独自或多个股东共同拥有51%以上的股份，那么在这些事项中就拥有了控制权； 对于持股比例低于49%的股东来说，其仍然可以提出否定决议，即拥有消极的控制权

续表

股权占比	公司控制权	主要表现
34%和66%	消极控制权	虽然不能单独对影响公司发展的重要事项进行控制，但可以进行否决，通过否决自己不支持的事项来控制公司发展
30%	上市公司的临界控制权	对上市公司控制权的最低股权比例要求
25%	外资待遇线	如果外国投资者在该外商投资企业注册资本中的出资比例高于25%，那么该企业便可以享有外商投资企业的相关待遇
20%	重大影响线	当股东的持股比例为20%~50%时，则认为对被投资公司有重大影响，也就是说，持股比例20%为重大影响线
10%	申请解散线	在股东独自或联合持股超过10%的情况下，有权申请解散公司，尽可能地减少损失
寄生型数字	依附控制权	单个股东的持股比例很小，却可以通过依附大股东影响公司股权架构和控制权

◆ 67%和33%：绝对控制权

根据《公司法》的规定，有限责任公司在面临增资、减资、合并、分立、解散、变更公司组织形式、修改章程七种情形时，需要经过2/3以上拥有表决权的股东通过才能生效。对于其他可能影响公司发展的情形，也可以经过创始股东或投资人约定，获得2/3以上表决权方可生效。

这也就意味着如果单个股东独自或多个股东共同拥有67%以上的股份，也就拥有了对多个公司重大事项的决策权和绝对控制权。对于持股比例特别低（低于3%）的股东而言，其对公司的控制权几乎为零。

◆ 51%和49%：相对控制权

根据《公司法》的规定，除上文提到的七种情形外，公司运营中的其他事项需要经过半数以上拥有表决权的股东通过才能够生效。这也就意味着如果单个股东独自或多个股东共同拥有51%以上的股份，就在这些事项中拥有了控制权。因此，对于持股67%以下51%以上的股东来说，其拥有的是一种相对控制权。

但是，在公司后续的融资过程中，股东持股比例容易被稀释，此时如果需要拥有对公司事项的积极控制权，就需要联合其他股东。不过，对于持股比例低于49%的股东来说，其仍然可以提出否定决议，即拥有消极的控制权。

◆ 34%和66%：消极控制权

对于持股比例为34%的股东来说，虽然不能单独对影响公司发展的重要事项进行控制，但可以进行否决，通过否决自己不支持的事项来控制公司发展，是一种消极控制权。对于持股比例在51%以上66%以下的股东而言，其可以行使相对控制权。

◆ 30%：上市公司的临界控制权

根据《上市公司收购管理办法》的规定，在投资人实际支配上市公司股份的表决权超过30%的情况下，也就意味着其拥有了对上市公司的控制权。因此，30%也是拥有对上市公司控制权的最低股权比例要求。

◆ 25%：外资待遇线

根据我国相关法律法规的规定，在中外合资经营的企业中，外国合营者一方的投资比例不能低于25%。如果外国投资者在该外商投资企业注册资本中的出资比例高于25%，那么该企业便可以享有外商投资企业的相关待遇。

◆ 20%：重大影响线

在企业融资的过程中，被投资公司往往需要对投资方进行审核。如果投资方被认为对融资企业具有重大影响，就需要对投资进行详细核算。根据《企业会计准则》的规定，当股东的持股比例为20%~50%时，则认为对被投资公司有重大影响，也就是说，持股比例20%为重大影响线。

◆ 10%：申请解散线

企业运营主要基于股东会、董事会以及高级管理层等的管理和决策，如果管理和决策层出现问题，企业运营就有可能陷入僵局。僵局持续的时间过长，会造成严重的内耗。因此，《公司法》赋予了部分股东救济公司的手段。在股东独自或联合持股超过10%的情况下，有权申请解散公司，尽可能地减少损失。

◆**寄生型数字：依附控制权**

依附控制权主要指单个股东的持股比例很小，却可能影响公司股权架构和控制权的情形，影响的方式主要是持股比例较小的股东依附于某持股比例大的股东，在其依附后，被依附的股东拥有对公司的控制权。

举例说明，一家企业的股权架构为48%：48%：4%。持股比例为4%的股东虽然没有绝对控制权，但可以选择依附另一个股东，跟随其进行投票，这样一来，企业的股权架构就转变为52%：48%，在这种情况下，可以认为公司的控制权实际上掌握在持股比例仅为4%的股东手中。

当然，在企业实践过程中，具体的持股比例并不固定。另外，需要注意的是，企业在设计股权架构时需要尽可能避免均衡型的持股结构，以免在股东持有不同意见时无法做出经营决策。

7.2　创始人掌握公司控制权的路径与方法

7.2.1　公司章程条款设计

在创业的初级阶段，由于企业面临的主要问题是生存和发展，因此企业的股权架构往往比较分明，关于控制权的争夺也鲜少出现。经过融资后，企业开始成长壮大，创始股东、新股东、投资方以及管理层之间关于公司控制权的争夺也开始增多。内耗的频繁发生可能会使股东和公司付出巨大的代价。

观察国内外企业控制权争夺的案例可以发现，公司章程的条款设计与控制权之间有极为密切的联系。对公司章程中的重要条款进行科学合理的设计是公司顺利发展的基本保障。

◆公司章程是公司的“宪法”

《公司法》第十一条明确规定：设立公司必须依法制定公司章程。公司章程对公司、股东、董事、监事、高级管理人员具有约束力。可以说，公司章程如同公司的“宪法”，是公司运营的根本依据。

公司章程往往囊括了公司设立的宗旨、发展愿景、组织机构的设置等决定公司发展方向的内容。对一家公司来说，在其成立、运营乃至解散的全过程中，公司章程具有与国家的法律法规同等的效力。此外，作为公司的“宪法”，《公司法》的基本原则之一是自治原则。也就是说，企业的主要负责人在关乎企业发展的事项上均拥有比较大的自主决策空间。

◆关乎控制权的公司章程条款设计

与公司控制权相关的内容主要包括两大类：其一，人权，也就是公司事务的负责人问题，主要包括股东会、董事会、监事会、管理层以及法定代表人等；其二，事权，也就是能够影响公司事务的物品问题，主要指印章及证照保管等。公司章程中与这些内容相关的条款直接影响着公司的控制权。

（1）法定代表人人选的确定。法定代表人即依据相关法律法规或公司章程的规定，代表法人行使权利、履行义务的负责人。公司的法定代表人即代表公司行使职权的负责人，在公司内部拥有核心管理地位，对外则能够代表公司实施行为。可以说，公司法定代表人的行为就是公司本身的行为。

不过，在某些情况下，企业的实际负责人并不担任法定代表人，而法定代表人仅为名义上的，是为了符合相关法律法规的要求而设置的。但是，即便如此，法定代表人对外所实施的行为仍然代表公司行为，由公司承担法律后果。因此，公司法定代表人的选取非常重要，关系着公司能否正常运行，应该慎重决定。

（2）股东会职权。股东会由公司全体股东构成，能够决定公司经营管理的重大事项。因此，股东会是公司最高的权力机构，能够对公司的其他所有机构负责。公司不设股东会的三种情形如表7–3所示。

表 7–3　公司不设股东会的三种情形

序号	不设股东会的情形
1	企业为一人有限责任公司，只有一名股东，所以没有股东会
2	企业为外商投资设立的有限责任公司，不设立股东会，相应职权由董事会行使
3	企业为国有独资公司，不设股东会，在国有资产监督管理机构授权的情况下，股东会的部分职权由董事会代为行使

不过，需要注意的是，作为公司的最高权力机构，股东会拥有的是对公司组织、职权和重要事项的决定权，具体的执行权则由董事会行使。这也就使得董事会与股东会之间可能存在利益冲突，董事会对公司日常事务的管理和执行可能损害股东的利益。因此，在制定公司章程的过程中，股东会可以对各自的职权进行约定，以保护自身利益不受非法侵害。

通过职权约定，股东会能够维护自身整体的利益，但是，在股东会内部也时常存在利益纷争。一般情况下，企业中持股比例较大的股东往往希望拥有更多控制权和决定权，而持股比例较小的员工则希望公司事项能够经全体股东共同商议后决定。那么，股东会内部利益的平衡就需要通过具体的议事方式和表决程序来体现。

关于公司股东会的议事方式和表决程序，除《公司法》有规定的外，都可以在公司章程中进行规定。一般情况下，股东的出资比例也就决定了其拥有的表决权，但公司章程中也可以另作规定。具体来看，股东表决权的确定需注意四大事项，如表7–4所示。

表 7–4　股东表决权确定需注意的四大事项

序号	注意事项
1	股东会召开的条件，需要明确拥有多少表决权的股东参加
2	股东的表决权可以不依据出资比例而定，但需要在公司章程中进行说明
3	对于影响公司发展的重大事宜，例如修改公司章程、增加或减少注册资本及公司合并、分立、解散或变更公司形式，由于《公司法》中已经规定必须经2/3以上表决权的股东通过，因此公司章程中的相应比例不能低于2/3
4	对于公司管理过程中的普通事项，由于《公司法》中并无规定，公司章程中可以规定具有表决权的股东通过的有效比例

（3）董事会职权。在公司运营管理的过程中，董事会与股东会承担着不同的职能。一般情况下，公司日常经营管理事项的决策大多通过董事会制定，股东会主要处理一些与企业发展相关的重大事件，例如企业融资、公司章程修订等。因此，如果创始股东能够控制公司的董事会，就相当于控制了公司的日常经营管理。具体到董事会的控制方法，可以通过占有董事会的大部分席位来实现。

董事会是公司经营决策机构，在公司经营管理中发挥着重要作用。在制定公司章程时，可以规定创始人享有提名或任命董事会成员的权力。从某种意义上讲，控制了董事会就是掌控了公司的控制权。由此可见，创始人要善于利用公司章程，在公司章程中对董事提名或委任等事项做出明确规定，从而牢牢掌握公司控制权。

对于股份有限公司而言，《公司法》规定董事会决议必须经半数以上的公司董事通过；对于责任公司董事会决议的通过规则，《公司法》中并未进行说明，可以通过企业章程制定。对于董事会的控制也需要把握尺度，因为企业的发展需要把控方向，但过度的把控可能制约企业发展，让企业丧失爆发性裂变的基因。

（4）印章及证照保管。公司的印章和证照在一定程度上能够代表公司，是企业处理内外事务的重要依据。因此，印章和证照的保管也极为重要，印章和证照保管不善可能严重影响公司的正常运营。

作为国内知名的综合性网上购物商城，当当网的发展速度有目共睹，但其管理权之争给当当网带来了一些负面影响，尤其是2020年4月26日，创始人李国庆带人上门抢夺公章，更是进一步激化了当当网夫妻创始人之间的矛盾。实际上，通过抢夺公章争夺公司控制权虽然看起来荒唐，但并不少见。

例如，2014年因高层人员变动等问题，雷士照明即将接任首席执行官的王冬雷等人进入总部办公室抢夺企业公章；2020年5月，比特大陆现任法人代表詹克团领取北京比特大陆营业执照时，执照被他人抢走。

《公司法》第三条规定，公司是企业法人，有独立的法人财产，享有法人财产权。而印章和证照属于公司财产，应该受到法律保护。但关于印章和证照的具体保管问题相关法律法规并无规定。原则上，公司的印章和证照应该由法定代表人保管并行使相关权利，但公司章程另有规定的除外。

如果出现公司印章和证照被非法占有的情形，公司所有人有权提起诉讼要求对方返还。由于此时的诉讼文件无法加盖公司印章代表其效力，因此可以通过法定代表人签署起诉状的方式进行。此外，为了避免公司印章和证照的保管分歧，应该在公司章程中进行说明。

7.2.2　双重股权结构设计

如果企业采用的是境外股权结构，为了保证创始股东掌握公司的控制权可以实行AB股架构，即执行“同股不同权”制度。创始人想要保持对公司的控制权，一个比较有效的方式就是打破“同股同权”的原则，在制定公司章程时可以选择双重股权结构。双重股权结构指的是将公司股权分为优级股与普通股两种类型，前者“一股多票”，后者“一股一票”。

优级股与普通股享有同等的收益权，但在投票权方面，优级股是普通股的数倍。一般情况下，优级股不会在市场上公开交易，普通股则可以自由流通。在制定公司章程时，可以规定某几位创始人持有优级股，享有高于普通股几倍的表决权，从而保证创始人始终掌握公司控制权。

双重股权结构可以有效防止公司控制权旁落，保证公司创始人始终掌握对公司的控制权。在双重股权模式下，因为优级股不公开流通，上市流通的是普通股，所以创始人无须担心公司上市之后，自己对公司的控制权被削弱。也就是说，通过实行双重股权结构，公司可以在最大程度上保护创始人对公司的控制权，降低被外部资本恶意收购的风险。

2004年创立于美国加利福尼亚州的Facebook公司就在上市之前采用了AB股架构，其AB股模式为1：10。由于创始人扎克伯格与主要股东签订了表决权代理协议，在符合协议规定的情况下，扎克伯格可以代理行使表决权。也就是说，虽然扎克伯格实际拥有28.2%的表决权，但采用AB股模式后其掌握的表决权为56.9%。

谷歌也是AB股模式的典型代表，公司创始人和高管（佩吉、布林、施密特等）持B股，每股表决权是A股的10倍。2012年，谷歌增发了一批不享有投票权的C类股票。在这种股权架构下，即便创始人持有的股票数量有所减少，也不会丧失对企业的控制权。到2015年，佩奇、布林、施密特三人持有的股票总和在总股本中的占比不足20%，但享有的投票权接近60%。

经观察发现，目前，互联网企业、科技企业、传媒企业等经常采用双重股权结构，以防被外部资本抢夺公司控制权，典型案例如百度、唯品会，这两家企业就是采用双重股权结构，成功避免了被外资控制。

AB股架构的模式使得创始股东有机会获得对企业更大的控制权。而在企业实际运营和管理过程中，类似AB股架构的多层股权架构能否顺利实施，取决于创始人与投资人之间的较量。

不过，AB股架构也可能给企业带来比较大的风险，这种风险主要来源于两个方面：其一，在我国目前的市场环境下，相关法律法规更认同“同股同权”；其二，如果拥有更大控制权的股东做出错误决策，企业可能面临更高的决策风险。

7.2.3 有限合伙持股平台

在公司发展过程中，为了维护自己对公司的控制权，公司创始人可能实行合伙人制度，也就是赋予合伙人远超其持股比例的控制权。在合伙人制度下，合伙人可以通过公司章程或相关协议获取提名董事会成员的权力，这是合伙人制度相较于双重股权结构的特殊之处。

有限合伙平台模式指的是创始人与员工共同出资组建有限合伙公司，其中创始人担任普通合伙人，享有公司决策权；员工担任有限合伙人，不享有公司决策权。这种模式一方面可以保证创始人对公司的控制权、决策权；另一方面可以将员工利益与企业利益绑定在一起，让员工关注企业的发展与分红权益，忽略对公司的管理权与控制权。

企业在发展过程中为了吸引、鼓励人才，充分调动人才的积极性，往往会采取股权激励的方式。通过持股平台间接控制公司发展是比较常用的方法，具体的操作方式通过以下案例进行说明：

【案例7-1】 华为的股权结构与控制权

在华为，创始人任正非持股0.94%，剩下的股权全部归华为投资控股有限公司工委会所有。虽然任正非持股比例非常小，但享有公司控制权。任正非掌握公司控制权的方法有两个：第一，同股不同权，保证创始人任正非可以凭借极少的股权行使大部分表决权，控制公司运转；第二，通过内部约定，创始人任正非掌握着工委会重要职位的任免权。由此可见，对于公司创始人来说，通过内部约定获得控制权是一种比较常见且有效的方式。

【案例7-2】 蚂蚁集团的股权架构

蚂蚁集团，即蚂蚁科技集团股份有限公司，起步于2004年成立的支付宝，前身为小微金服，2020年7月正式更名为蚂蚁集团。

在2013年小微金服时期，阿里巴巴官方就曾经宣布创始人马云的持股比例为7.3%，低于在阿里巴巴集团的比例。那么，马云是通过怎样的方式掌控其发展的呢？分析其当时的股权架构可以看出，其持股比例最高的两大股东为杭州君瀚股权投资合伙企业和杭州君澳股权投资合伙企业，二者共持股76.43%。而在这两家公司的持股平台中，马云以及蚂蚁金服董事长彭蕾、副总裁陈亮、首席架构师童玲等均持有股份，间接成为蚂蚁金服的股东。

但是，由于只有普通合伙人能够通过集中持股平台的表决权控制目标公司，以上提到的两家公司的普通合伙人正是马云个人独资的杭州云铂投资咨询有限公司。通过间接控制的方式，马云实现了对蚂蚁集团的控制。

一般来说，合伙人制度主要包括两大内容，如表7–5所示。

表 7–5　合伙人制度的两大内容

主要内容	具体描述
对合伙人身份获取方式做出明确规定	公司创始人为初始合伙人，如果初始合伙人想在公司管理层推荐新的合伙人，要以一人一票的方式投票决定，被推荐者想要成为新的合伙人，必须在初始合伙人中获得一定比例以上的支持，这个比例通常比较高。除此之外，合伙人也分为两种类型：一种是以创始人中的核心人物为代表的永久合伙人；另一种是以其他合伙人为代表的普通合伙人。普通合伙人的任期没有限制，如果退休、离职或者被除名，其合伙人身份会自然丧失
合伙人拥有半数以上董事的提名权	合伙人享有董事会候选人的提名权，其提名的合伙人获得半数以上股东支持，就能成为新的董事。如果合伙人提名的候选人没能成为新的董事，合伙人有权指定临时董事暂行董事职权，无须经过股东大会同意，直到下一届股东大会召开，合伙人再次提名新的董事候选人

除此之外，有些公司还规定，如果要取消或者变更合伙人的董事提名权，需要召开股东大会，获得95%以上的支持。但合伙人持股比例一般高于5%，如果是上市公司，股权比较分散，取消或变更合伙人的董事提名权几乎难以实现。在这种情况下，通过实行合伙人制度，创始人可以牢牢掌握公司控制权。

7.2.4　投票权委托

投票权委托指的是公司的某些股东可以通过协议约定的形式，将自己的投票权委托给其他股东。这样一来，企业的创始股东就可以通过获得其他股东委托的投票权控制企业的运营和管理。根据《公司法》的相关规定，“股东可以委托代理人出席股东大会，代理人应当向公司提交股东授权委托书，并在授权范围内行使表决权”。可见，股东委托代理人投票这一行为合法合规。

在委托投票模式下，因故无法出席股东大会、无法投票的股东可以授予代理人股东授权委托书，委托代理人出席股东大会，让代理人代替股东在授权范围内行使表决权。但大多数情况下，委托代理人行使表决权的是小股东。因此，从本质上看，投票权委托制是专门针对上市公司的小股东设计的，是一种非常有效的外部治理制度。委托投票可以将小股东的投票权集中在一起，在一定程度上影响公司决策。

最典型的例子就是阿里巴巴和京东。在2014年京东上市时，主要股东包括创始人刘强东、腾讯、老虎基金、高瓴资本、今日资本等，其中的11个股东将投票权委托给了刘强东团队。也就是说，刘强东团队拥有的股权比例为20%，但投票权却高达83.7%。

阿里巴巴上市之前，创始人马云所占的股权比例为8.8%、管理团队所占的比例为14.6%，另外两个主要股东软银和雅虎分别占比34%和22%。马云等人与软银和雅虎通过投票权委托协议，取得软银（其中超出30%的部分）和雅虎（最多1.2亿股）委托的投票权，将软银和雅虎总计投票权控制在49.9%以内，保证了创始人对阿里巴巴的基本控制权。

7.2.5 一致行动人

通过持有股权掌握公司控制权对创始人的资金实力提出了较高的要求，因为创始人只有拥有雄厚的资金实力，才有能力购买较高比例的公司股权。随着公司规模不断壮大，可能会选择融资引进资本，这样一来，创始人的股权就会被稀释，失去公司控制权的风险也会加大。为了防止这种情况发生，创始人可以联合其他股东，获得其他股东的概括性授权，与其他股东结盟成为一致行动人，继续掌握公司的控制权。

一致行动协议指的是股东之间通过协议约定一致行动人，由其作为代表采取一致行动。在企业经营过程中，如果不能达成一致意见而需要投票，签署协议的股东就会跟随一致行动人投票。具体到企业运营方面，创始人之间以及创始人和投资人之间都可以通过签署一致行动协议确保创始股东对公司的控制权。

根据一致行动协议的制定原则，在一致行动人作为企业股东的过程中，当需要进行投票表决等事项时，其他协议签署者需要做出与一致行动人相同的决定，以维护其在企业中的地位。

关于上市公司的一致行动人，我国相关法规进行了规定。如果涉及企业收购以及股份变更，签署一致行动协议的投资者互为一致行动人。此外，如果涉及以下情形，在没有相反证据的前提下，投资者为一致行动人：

- 投资者之间存在股权控制关系。
- 不同的投资者代表同一主体的利益。
- 投资者之间具有利益牵涉，也就是说，一名投资者管理团队中的成员，同时在另一名投资者的管理团队中担任主要管理人员。
- 一名投资者为另一名投资者的股东，并拥有较高的决策权。
- 投资者背后拥有银行以外的融资支持。
- 不同投资者之间具有利益牵涉，例如存在合伙、合作、联营等关系。
- 投资者的重要股东（持股30%以上的自然人），与投资者持有同一上市公司股份。
- 投资者团队的主要管理人员，与投资者持有同一上市公司股份。
- 投资者的重要股东（持股30%以上的自然人）或团队的主要管理人员的

重要亲属（配偶、子女、父母等），与投资者持有同一上市公司股份。

- 团队的主要管理人员以及重要亲属（配偶、子女、父母等）持有本公司股份，其直接或者间接控制的企业也同时持有本公司股份。
- 团队的主要管理人员和员工与其所控制或者委托的法人或者其他组织持有本公司股份。
- 除上，投资者之间存在其他关联关系。

7.2.6 一票否决权

一票否决权指的是在投票表决或选举的过程中，只要有一张反对票，被表决的候选人或者事项就无法通过。一般来说，在公司中，只有身居要职之人或团体才会享有一票否决权，例如创始人、大股东等。因此，一票否决权在一定程度上体现了持有者的身份与地位。例如，创始人在公司的重大事项上享有一票否决权，包括公司的股权激励计划、上市计划、某位董事的任免等。通过一票否决权，创始人可以对重大事件进行控制。

根据《公司法》的相关规定，有限责任公司可以根据股东的意志自行设计表决方式，不用完全遵循“按照出资比例行使表决权”的原则。因为相较于股份有限公司来说，有限责任公司的股东数量较少，股东之间的信任度较高，可以在法律允许的范围内自行约定表决机制，包括各股东对股东会决议事项表决权的比例。假设某公司有甲乙丙三位股东，股份分配非常平均，甲持股34%，乙和丙各持股33%，但约定甲股东的表决权比例为22%，乙的表决权比例为57%，丙的表决权比例为21%。在这种情况下，乙虽然持股比例不高，但可以牢牢掌握公司的控制权。

从本质上看，一票否决权是一种保护性条款，其目的是保护持股比例比较低的投资者的利益，防止其利益受到大股东的侵害。投资人股东掌握一票否决权，可以直接否决某些可能损害自身利益的事项，维护自身利益不受侵害。

为了更好地发挥一票否决权的作用，创始人要了解在国内市场上一票否决权所涉及的内容与事项。一般来说，这些事项都是公司的重大事项，可以分为两种类型，如表7–6所示。

表7–6　一票否决权涉及的内容与事项

主要事项	具体内容
由股东（会）决策的公司最重大事项	通常与公司章程的变更有关，例如公司股权结构变化，公司的合并、分立、解散等，股东利益分配等
由董事（会）决策的公司日常重大事项	主要包括公司主营业务的终止与变更、高层管理人员的任命、预算外交易、非常规借贷或者发债、子公司股权或权益的处置问题等

总体来看，股东（会）决策事项主要是涉及投资人股东权益的最重大事项，董事（会）决策事项则是与公司日常运营有关的重大事项。公司在设计一票否决权方面有很多可操作空间，例如限定对特定事项享有一票否决权的条件；对一票否决权的适用范围进行规定，将其限定在可能对投资人利益造成损害的重大事项上。

在有限责任公司，设置一票否决权是对表决方式做出的特殊规定。在股东会或者董事会对某个事项进行表决时，只要享有一票否决权的股东投出反对票，相关决议就无法通过。

以华为为例，在华为，创始人任正非享有一票否决权。虽然公司章程规定，任正非的一票否决权只适用于资本结构调整、公司治理章程及重大治理文件的修订、公司董事及监事候选人提名等重大事项，并且只享有否决权，不享有决定权，但任正非能够在出资规模只有华为投资控股有限公司总股本1.04%的情况下保持对华为的影响力，与其享有的一票否决权密不可分。

《公司法》第四十二条规定，“股东会会议由股东按照出资比例行使表决权，但公司章程另有规定的除外”；第四十三条规定，“股东会的议事方式和表决程序，除本法有规定的外，由公司章程规定”；第四十八条规定，“董事会的议事方式和表决程序，除本法有规定的外，由公司章程规定”。根据上述规定，有限责任公司的股东在不违背法律法规的前提下，不仅可以在公司章程中约定股东会表决机制，还可以约定董事会表决机制。在这种情况下，公司就可以在股东会或者董事会层面设置一票否决权。

需要注意的是，根据《公司法》第四十三条规定，如果公司要修改公司章程，增加或者减少注册资本，合并、分立或者解散公司，或者变更公司形式，相关决议必须获得2/3以上拥有表决权的股东的同意。如果公司章程对上述重大事项的表决比例做出更加严格的限制，并且规定股东按照出资比例行使表决权，在这种情况下，只要某位股东的持股比例超过1/3，就能否定股东会的决议事项，无须大费周张地获得一票否决权。

一般来说，在公司章程中，一票否决权的表述为“某类股东会/董事会权能范围内事项的决议须特定股东/董事赞成方可通过”。在这种情况下，享有一票否决权的股东可以切实掌控可能对其利益造成影响的事项的表决结果，在一定程度上实现对公司的控制。

需要注意的是，一家公司可能设置多个一票否决权。例如公司章程规定，特定事项需要获得全体股东或者全体董事的一致同意。这种做法看似公平，其实就是赋予每位股东一票否决权，很容易导致公司治理陷入僵局。例如，ofo小黄车的董事会中，有多名董事享有一票否决权，在关乎公司存亡的重大事项上，有多个利益相关主体行使了一票否决权，其中滴滴方面一票否决了软银提供的15亿美元的融资，创始人戴维一票否决了与摩拜合并事宜，导致公司运营陷入僵局，最终宣告破产解体。因此，公司在设置一票否决权时必须注意这一事项，避免多方拥有一票否决权。

第8章　股权激励

8.1　股权激励：实现企业人力资本最大化

8.1.1　股权激励的起源与应用

人才之争是现代企业竞争的主旋律，为了更好地吸引并留住人才，实施股权激励逐渐成为企业的主流趋势，很多企业已经将股权激励制度升级为企业的一项重要战略规划。在实施股权激励的企业中，管理层很容易遇到以下问题：

（1）如何确保股权激励能够推动、引领企业持续稳定发展？

（2）股权激励制度建设应该以何为核心？如何对股权激励制度进行全面、深入的认识？

（3）股权激励制度建设应该以何为切入点？如何才能制定完善的股权激励制度？

想要解决上述问题，我们首先需要了解股权激励的起源及应用。

◆股权激励的起源

股权激励制度最早可以追溯到20世纪五六十年代的美国，当时，很多美国家族企业出现了交接困境。以福特汽车为例，在创始人亨利·福特退休后，其儿子埃德塞尔·福特接任CEO一职，却不幸过早地离开人世。为了避免企业陷入危机，亨利·福特不得不重回公司，但其身体状况令投资者及美国政府（当时正处于“二战”时期，福特为美国政府生产军用车以及军用飞机）感到十分担忧。

为了确保军用物资供给，美国政府让正在海军基地服役的亨利·福特之子小威廉·福特接任CEO一职。但在上任初期，缺乏企业经营管理经验的威廉·福特很难胜任这一职位，后来10位退役军人也就是著名的“蓝血十杰”的出现有效解决了这一问题，他们以职业经理人的身份带领福特重返辉煌。

福特家族为了调动其工作积极性，为“蓝血十杰”提供了福特的部分股权。从诸多实践案例来看，想要确保家族企业中每一代都能出现卓越的领导者是几乎不可能的事情，而职业经理人的出现可以在家族企业遇到交接问题时很好地完成过渡。但职业经理人和企业控制者家族利益并不一致，可能会出现职业经理人为了私利而损害企业利益的情况。

通过实施股权激励，让职业经理人获得部分股权，可以统一职业经理人和企业控制家族的利益。也就是说，股权激励制度最初是为解决企业经营中的委托代理问题而出现的。

事实上，中国早在18世纪末19世纪初就出现了股权激励制度的雏形。当时，山西晋商票号（最初是一种经营汇兑业务的金融机构，后续加入了存放款等业务）的东家扮演的是企业控制者，掌柜就是职业经理人。由于掌柜需要管理大量资产，所以东家必须找到一个值得信任的人担任掌柜，对票号进行经营管理，但找到有能力又值得信任的人并非易事。

一方面，掌柜管理大量资产，直接影响票号的资金安全。另一方面，票号的价值创造对掌柜有较高的依赖性，一旦掌柜流失，将对票号造成较大损失。此外，掌柜仅是票号中的一名员工，这个职位并不能给其带来收入和社会地位上的提升。这些问题的出现导致票号经营遇到各种问题，为了能够得到一名优秀的掌柜，票号互挖墙脚成为一种常态。

针对票号经营问题，晋商推出了“身股制”。在晋商票号中，出资的股东是银股，掌柜则是身股，二者都可以从票号盈利中获得一定的分红，将掌柜和股东的利益相统一，有效解决了人才流失及票号资金安全问题。

◆股权激励的应用

统计数据显示，美国7000多家上市企业中应用股权激励制度的企业占比达到了90%，对人才依赖程度极高的高科技企业更是几乎全部应用股权激励制度。但在中国，上市公司中仅有大约30%的企业应用了股权激励制度。随着市场竞争进一步加剧，人才之争将愈演愈烈，实施股权激励制度就成为现代企业的必然选择。未来，未应用股权激励制度的企业将很难吸引并留住优秀人才。

从实践来看，中国企业在不同阶段实施股权激励制度的意愿存在一定的差异。例如，上市公司更倾向于在股价低迷时实施股权激励制度，在股价高涨时采用股权激励制度的意愿比较低。之所以会出现这种情况，很大程度上是因为股价低迷时，股权激励可以进一步压低股票价格，为股价上涨奠定基础；股价高涨时，实施股权激励会限制未来的股价增长，甚至有可能导致股价下滑。

想要解决这一问题，上市公司在实施股权激励制度时，必须对股价表现保持高度关注，抓住转瞬即逝的机遇，在合适的节点果断实施股权激励，让市场为激励买单，否则可能会影响企业的利润回报，甚至导致企业亏损。所以，企业的股权激励制度应该和企业的资本运作及市值管理相结合。

此外，在国内企业中，智力密集型企业往往更愿意应用股权激励制度，资源密集型企业应用股权激励的意愿则较低；东部沿海地区企业更倾向于应用股权激励制度，相对落后的中西部地区的企业应用股权激励的意愿则较低。

8.1.2 股权激励制度的五大作用

对于企业来说，股权激励不只是将员工利益与企业利益绑定，激发员工工作积极性那么简单，其作用主要表现在五个方面，如图8-1所示。

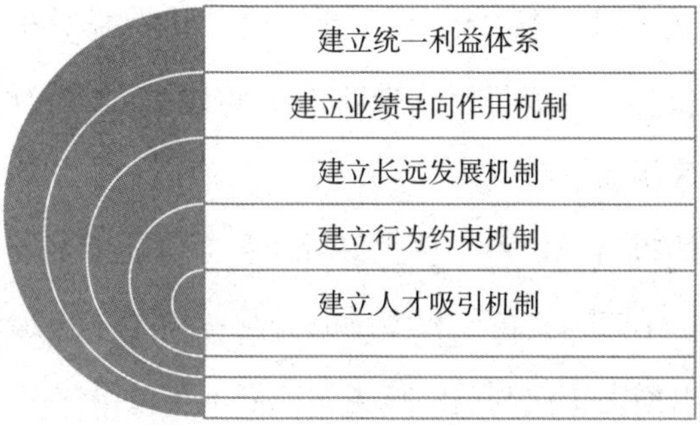

图 8–1　股权激励制度的五大作用

◆建立统一利益体系

在一个企业中，股东是委托人，经营者是代理人，二者都希望自己能获得最大化的利益，前者希望自己的资本价值实现最大化，后者希望自己能在一段时间内获得最高的劳动报酬，于是，二者的利益就出现了一些矛盾。其原因在于：经营者希望获得最大化的短期利益，所以在日常工作的过程中会想方设法维护个人利益，有时所采取的行为会对股东利益造成损害。在实行股权激励之后，经营者的利益与股东的利益捆绑在一起，经营者在日常工作过程中会将关注点从个人利益转向整体利益，关心企业的长期发展与长期价值。也就是说，借助股权激励这种理性的量化手段，企业股东与管理者可以建立统一的利益关系。

◆建立业绩导向作用机制

由于企业的竞争力与经营业绩深受经营者在实际工作过程中积极性、创造性、主动性的影响，在这种情况下，企业推行股权激励制度就是用一种明显的指标将企业的经营业绩体现出来，这一指标与经营者的利润分成密切相关。在这个过程中，股权激励为业绩发展明确了方向。

◆建立长远发展机制

企业都想实现健康可持续发展。在股权激励的作用下，个人的短期利益与企业的长远利益相融合，经营者付出时间、智力、精力的目的不仅是获取短期回报，更是希望在卸任后获取一定的报酬。尤其是刚起步的企业，在发展初期，股权激励者的收益或许很小，随着企业不断发展，其收益不断增长。在这种刺激下，经营者会树立长远的发展目标，推动企业实现稳定可持续发展。

◆建立行为约束机制

股权激励机制的推行可以产生两大好处：第一，企业经营者和优秀人才可以共享企业发展利益；第二，获得股权激励的经营者和优秀员工要承担一定的责任，如果离开企业或做出损害企业利益的行为，他们也要付出一定的代价，这样一来，股权激励者的行为就受到了一定的约束，为企业利益构建了一个不错的保护伞。

◆建立人才吸引机制

通过股权激励机制，企业可以吸引人才、留住人才。一般来说，在一个企业中，优秀人才发挥着带头作用。企业推行股权激励机制，最大的受益者是企业高层管理人员，他们付出劳动，分享企业发展成果，是其他管理者和员工的标杆。企业只有为优秀的管理者和员工提供实实在在的利益，他们才会心甘情愿地留在企业，为企业发展做出贡献。

8.1.3 企业如何制定股权激励战略

股权激励战略制定得是否合理，直接影响着股权激励作用的发挥，因此，企业在制定股权激励战略时要考虑四个方面的内容，如图8–2所示。

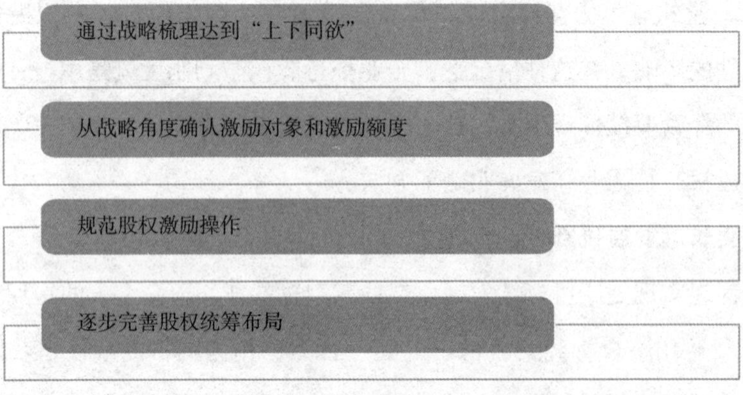

图 8–2　企业制定股权激励战略需考虑的四个方面

◆通过战略梳理达到“上下同欲”

虽然大部分企业认识到了战略规划与实施的重要性，但对战略梳理缺乏足够重视，授予激励对象一定比例的股权确实可以让他们和原有股东利益保持一致，但能否实现合作共赢，关键在于企业的实际发展情况。

在实施股权激励前，企业不仅要制定中长期战略规划及发展路径，更要通过战略梳理，让激励对象认同该战略。如果激励对象不认同该战略，很难全身心地投身于战略的落地实施，即便有利益驱动，也会因为不清楚自身定位无法创造出预期的价值。

◆从战略角度确认激励对象和激励额度

梳理完战略后，企业就要从战略落地角度进一步确认激励对象和股权授予额度。股权激励对象应该是那些在企业中长期战略落地过程中的中坚力量，也就是找到在战略关键环节上的骨干员工，根据其发挥的实际作用确定其应该获得的股权额度，常用的明确激励对象所获激励额度的方法包括海氏评估法、对偶比较法等。另外，股权授予要公开、公平、公正。

◆规范股权激励操作

股权激励方案落地过程中会涉及股份注册、公司章程与治理结构、股东权利与义务等法律问题，对操作规范性提出了较高的要求。有些企业在制订股权激励方案时忽略了退出机制，导致企业陷入组织成员为退休人员打工的不利局面，为了防止这种情况发生，企业必须在股权激励方案落地的过程中对业绩考核、股权获得、股权注册、退出机制等环节进行明确，制定与之相匹配的法律文本，避免因为股权激励导致员工和企业出现矛盾。这个过程要严格遵守《公司法》《企业章程》等法律法规，必要时可以向法律专业人员或律师所寻求帮助。

◆逐步完善股权统筹布局

企业的股权结构能够直接影响企业的控制权，所以，中小企业在实施股权激励时应该充分考虑股权整体结构，确保控制权牢牢掌握在领导者手中，让真正对企业长期发展负责的管理者获得更多股权，以保证企业长期稳定发展。

从诸多实践案例来看，中小企业的股权结构必须具备一个掌握绝对控制权的大股东，即便后续引入战略投资者，其股权被稀释，从股权意义上丧失绝对控制地位，也可以通过特殊设置（例如AB股模式、有限合伙平台模式等）确保其拥有企业的绝对控制权。静态的股权结构确实不会出现控制权丧失问题，但为了企业的持续发展，引入战略投资、实施股权激励很有必要，这会让公司的股权结构发生改变。因此，为了规避控制权丧失风险，企业需要制定完善的股权统筹布局策略，为引进战略投资、实施股权激励等奠定坚实的基础。

综上所述，股权激励绝非将股权简单地分配给激励对象，需要考虑企业的战略规划、激励对象与授予额度明确、符合相关法律法规、完善股权结构等方面的内容。如果企业对此缺乏足够的认识，很容易造成激励效果不佳，或是引发激励对象为牟取私利而做出损害企业长期利益的短期行为。

8.1.4 构建多层次的股权激励体系

◆建立多层次的股权激励体系

股权激励方式比较多，企业可以针对员工的差异化需求采用不同的股权激励方式。例如，如果员工强调当期现金收益，可以采用在职股权激励方式；如果员工注重长期股权溢价，可以采用注册股权激励方式。

在职股权激励方式激励层次较浅，那些未来前景不明确、缺乏成熟盈利模式的企业，其员工往往侧重当期现金收益，因为这种企业的发展存在较高的不确定性，在这种情况下尤其适合以现金分配为主的在职股权激励方式。需要指出的是，这种股权激励方式将股权和岗位绑定，员工在岗期间可以获得股份分红，但不具备投票权、继承权，离岗后将自动失去股权。

注册股权激励方式激励层次较高，一般来说，上市公司会根据法律法规要求实施规范化的股票期权模式，非上市公司由于缺乏衡量股权价值的权威第三方，使其可以更灵活地制订股权激励方案。此处提供一种面向非上市公司的和股票期权模式较为类似的期股模式，如表8-1所示。

表 8-1　期股模式的三大内容

步骤	具体内容
第一步	明确股权激励方案实施时间、激励对象、股权授权额度、股权注册时间，方案实施时间到股权注册时间为激励对象的考察期。然后结合企业中长期战略规划，为不同激励对象设置差异化的授权额度、业绩考核指标，同时明确激励对象获取股权的方式，这会涉及股权定价、激励对象购买方式等内容
第二步	设置股权注册后的股权锁定期，锁定期内激励对象行权受限，需要对锁定期内是否具备投票权、离职后股权如何处理等情况做出进一步明确
第三步	企业可以结合自身实际发展需要，推出多期股权激励方案，同时利用股份增发为新增激励对象提供股权，但需要防范股权稀释风险

◆建立完善的股权退出机制

当股权激励对象退休、离职，或者因为意外事故丧失劳动能力甚至死亡时，公司应当收回其所持股份，但要为其提供一定的补偿。由于在职股权激励方式不会进行工商注册，而且股权激励方案通常会明确“股岗绑定”，离岗后自动失去股权，几乎不会出现纠纷。而注册股权激励方式由于股权已经进行了工商注册，企业需要用现金回购股权，同时，回购股份处理方式、代持机制等细节也要进一步明确，例如将回购股权注入股权池、现有股东有优先购买权等。

增资扩股也不失为解决股权激励股票来源的有效途径，需要明确的是，增发应该和企业的实际发展情况相结合，避免盲目增发，否则很容易稀释原有股东股份，严重的话还可能导致企业管理层丧失对公司的控制权。企业增发股份时需要有与之相匹配的利润、资产等业绩表现，虽然原有股东的股份会在一定程度上被稀释，但其收益会不断增加。只有在这种情况下，企业的股权激励方案才能得到原有股东的积极配合，给方案落地带来诸多便利。

8.1.5 “以未来为导向”的股权激励

十几年前，浙江省某家政府部门下属的中型国有企业采用全员持股模式完成了股份制改造，此后，企业借着中国经济快速发展的东风，长期保持稳定发展，但和股权激励相关的问题也大量涌现。

企业改制前，由于管理者经营能力不足，员工综合素质较低，导致企业经营陷入困境。但由于资产价值低，所以不存在较大的利益纠纷，改制得以快速完成。而公司改制后的十几年间，老一批骨干员工相继退休，到2015年底，退休员工持有股份在企业总股份中的占比达到了近50%。早期的新员工此时逐渐成长起来，成为企业发展的中坚力量，但由于当时改制时，他们大部分为基层员工，持股比例有限，大量股权集中在退休人员手中，导致企业近几年引进及自主培养的优秀人才得不到股份。

这种情况导致企业陷入了不利局面，现有员工为退休员工“打工”，抑制了组织成员的活力与创造力。为了解决这一问题，企业领导者耗费大量时间与精力说服部分退休员工出让手中的部分股权，同时决定对公司骨干员工实施股权激励，但此时又面临一个新问题——大部分骨干员工不愿意接受自己出钱购买公司股份，而是更倾向于提高薪资待遇，显然，在这些骨干员工看来，股权激励带给他们的主要是每股分红，只是提高工资的一种工具。

导致这家企业实施股权激励遇到问题的根源在于，从国有企业向股份制企业改制时，没有对股权激励进行深入分析。为了让改制方案合法化，实现全民所有制职工身份的“赎买”，采用全员持股方式很有必要。但这也让激励对象局限于当时的组织成员，忽略了企业未来发展过程中原有组织成员退休、新组织成员加入的情况，导致新组织成员要为退休人员打工。

事实上，企业所有的激励都应该是面向未来的，股权激励也是如此，重点是要提高员工未来的业绩表现。即便是为了奖励员工取得优秀业绩为其提供奖金，其目的也是想让员工进一步提高自身的业绩表现，为企业创造更多价值。对于上市公司而言，股权激励的资金是由资本市场提供的，对于非上市公司而言，股权激励则是用未来的资金激励员工，能否取得较高的收益，取决于员工能否推动企业实现预期增长。

认识到股权激励的本质之后，企业应该选择那些在企业长期发展过程中起到关键性、引领性作用的员工进行股权激励。股权激励是为了长期激发激励对象的工作热情，推动企业持续稳定增长，所以，股权授予应该有门槛和业绩考核指标。

例如只有将上市公司的股价提升至明显超过行权价格时，股权激励授予的股票才具备较高的价值，这就对激励对象提出了要提高公司股价的要求。非上市公司的股份价值虽然不够明确，但通过公司的经营业绩指标也能得到体现，其股权激励也应该设置一定的门槛与业绩考核指标。

授予的股份是否有足够的吸引力，关键在于股份的增值能力，终究还要归结为企业的未来发展状况。分红只是股权价值的一小部分，最核心的价值是它可以随着企业的发展壮大给持有者带来股权溢价。在设置股权行权条件时，出发点不能是阻碍员工获得股权，应该是让员工认识到股权的价值，意识到企业对自身的认可与尊重，进而愿意为企业的持续发展而奋斗。

在这种情况下，企业实施股权激励方案前应该制定中长期战略规划与实施方案，从而让员工认识到被授予股份的潜在价值，并明确企业的发展方向和自身的职业生涯规划是否一致，以确保股权激励方案能够达到长期激励效果。但很多组织成员对股权价值认识不足，在公司发展初期对自身拥有的股票内部认购权缺乏足够的重视，甚至将股权低价转让，导致几年后公司发展壮大甚至上市后，只能后悔。

8.2 操作实务：股权激励设计与实施方案

企业之间的竞争归根结底是人才的竞争。如何留住人才，将其潜能最大程度地发挥出来，需要企业在股权激励方面深入思考。下面我们根据企业的用人特点和经营模式，详细阐述企业股权激励的设计方案，该方案具体包含定目的、定对象、定模式、定数量、定价格、定时间、定来源、定条件、定机制九项内容，目的确认、策略设计、模式选择、数量核算以及规则确定五个环节。要在明确股权激励方案设计初衷的基础上，将实施效果与激励目的进行比较，并根据反馈实时调整股权激励方案，使得“五连环”在动态环境里形成科学严密的闭环。

8.2.1 定目的：确认激励目的

企业在计划实施股权激励方案前，应该先明确公司的整体战略规划，也就是明确什么类型的员工能帮企业完成战略指标，以及如何激发此类员工的最大潜能并给予合理的奖励，让员工真正为企业整体战略布局提供支持与助力。

企业制订股权激励方案的第一步就是明确股权激励目的，即“为什么要实施股权激励”，这是企业设计股权激励方案必须解决的关键问题。一般来讲，企业实施股权激励的目的主要有四个，如表8–2所示。

表8–2 企业实施股权激励的四个目的

主要目的	具体内容
优化现在	增强核心员工对企业的黏性，激发员工工作的积极性，刺激员工各展所长，提高业绩
规划未来	通过合理的股权激励方案吸引更多优秀人才，为企业未来发展储备人才资源
回馈历史	在企业发展过程中有一些员工做出了巨大贡献，企业通过实施股权激励与这些员工共享发展成果，以示回报
绑定资源	企业可以利用股权激励绑定资源，例如上下游合作伙伴、投资机构等，打造企业的核心竞争力

当然，企业股权激励还有更深层的目的，就是将人力成本转化为人力资本。

创业初期，企业可以用股权代替现金吸引优秀人才。从本质上看，企业的这一做法就是用未来的盈利支付现在的人力资源成本。然后与目前所处的发展阶段、面临的问题与机遇相结合，科学设计股权激励方案，实现战略发展目标。

企业在制订股权激励方案时，除实施股权激励的目的外，还要考虑很多问题，例如，为什么现在要实施股权激励？如果不实施会引发什么后果？目的不同，激励方式与内容的设计也会有所不同。因此，确定股权激励目的是保证股权激励效果的关键。

8.2.2　定对象：确定激励对象

公司明确了整体的战略规划之后，落实到员工层面，需要指定激励对象，明确任务指标和规定时限。激励对象需要依据员工对企业长期发展的贡献程度，参照激励对象现有的业务能力以及企业的成熟程度和科技含量，明确不同特点的公司对不同类型员工的激励政策来确定。不同特点的公司对激励对象的倾向性也不同，具体如表8–3所示。

表8–3　四种不同特点公司对激励对象的倾向性

程度	初创公司	成熟公司
技术含量高	技术骨干、核心高管	核心高管、技术骨干
技术含量低	核心高管、业务和销售骨干	核心高管、分支机构负责人

企业可以根据员工的培养成本、培养周期以及可替代性的强弱，综合员工的工龄、职位、取得的成就等过往贡献，确定企业股权的激励对象，具体如表8–4所示。

表8–4　四种激励对象的重要性

程度	培养周期长	培养周期短
可替代性弱	重点激励对象	结合企业实际情况考虑
可替代性强	结合企业实际情况考虑	非重点激励对象

在股权激励模式下，员工注重的是长效收益。因此，公司在将任务指派给个人时，需要根据整体的战略规划，科学设置业绩指标。例如，对于未完成或部分完成预设业绩指标的员工，可以取消或压缩当期内的股权激励，并适当减少尚未授予的股权份额；对于已经预先授予的股权，可以启动强制回购预案。这种措施可以在一定程度上让激励对象感受到压力，激发其奋进的决心，激励员工主动自发地完成业绩指标。

公司可以自上而下地分解业绩指标，并配备相应的量化考核标准。公司在制定整体的业绩指标时，应结合历史业绩和行业的经营特点，然后将公司整体指标向下分解，形成部门业绩指标；各部门再根据拟激励对象的个人能力和岗位职责，确定员工的业绩指标。

能否成功实现企业的经营目标，是创设指标的关键。如果员工完成了指标却没能实现企业的经营目标，必然会大大降低股权政策的激励效果。股权激励指标设计如表8-5所示。

表 8-5 股权激励指标设计

切入层面	具体指标
市场方面	产品的市场占有率，企业优势业务的创收增长率等
盈利能力	企业的毛利率、净利率或净利润的净增长等
产品研发	企业产品的开发投入与开发周期、新品售卖数量等
生产力	企业生产产品的成本、投入产出比率或人均生产量、存货周转率等
资金利用	流动资本和现金流量、应收账款周转率等
人力资源	员工的培训次数、缺勤迟到、流动率等

8.2.3 定模式：选择激励模式

目前，企业常用的、典型的股权激励模式主要包括八种，如图8-3所示。

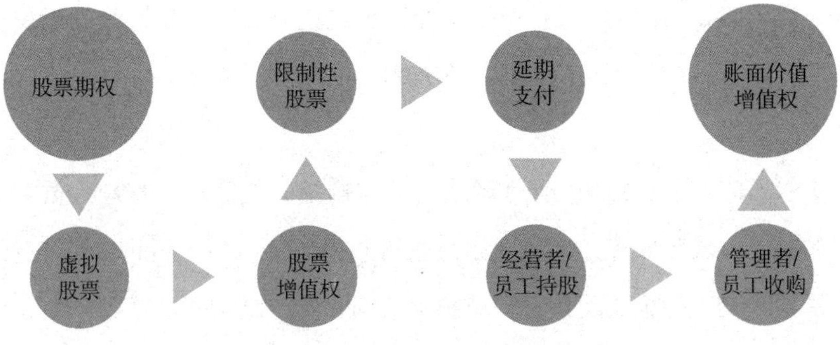

图 8–3 股权激励常用的八种模式

（1）股票期权。股票期权是公司授予激励对象的权利。在规定的期限内，公司激励对象可以用某种价格购买一定数量的股票，也可以选择不购买，放弃这项权利。股票期权也有时间、数量限制，可以采用现金奖励。除实际的股票期权外，还有一些虚拟股票期权，目前，上市公司的股票大多是虚拟股票与股票期权的结合体，虚拟股票期权就是一种虚拟的股票，很多公司授予激励对象的股票期权都是虚拟的股票期权。

（2）虚拟股票。虚拟股票指的是企业为激励对象颁发的虚拟股票，激励对象可以通过虚拟股票获取相应的分红，通过股票升值获取相应的收益，但没有股票的所有权、表决权，不能出售、转让，一旦离开公司就会失去股票。

（3）股票增值权。股票增值权指的是公司的股票价格上升，激励对象可以现金或股票的形式获取相应的增值收益。

（4）限制性股票。企业向激励对象授予一定数量的股票，但对股票设置一定的限制条件，例如不能售卖等。一般来说，激励对象获得限制性股票之后只能通过股票增值获取收益。

（5）延期支付。延期支付指的是公司将管理层或员工的部分薪酬（年终奖、股权激励收入等）以当日公司股票的价格进行折算，存入公司为其单独设立的延期支付账户，在一段时间后（比如退休后），用股票形式或按照期满时的股票价格将股票兑换成现金，支付给激励对象。

（6）经营者/员工持股。企业授予经营者或优秀员工一定数量的股票，股票价格上涨，经营者或员工可以获取一定的利益；股票价格下降，经营者或员工会遭受一定的损失。

（7）管理者/员工收购。管理者或员工收购指的是公司的管理人员或员工收购公司的股票，成为股东，与企业原有股东共担风险、共享利润，使企业的所有权结构发生改变，为企业配备管理控制权结构和资产结构等。

（8）账面价值增值权。账面价值增值权可以分为购买型增值权和虚拟型增值权。购买型增值权指的是以每股净资产为依据购买一定数量的股票，根据每股净资产的价值出售给公司；虚拟型增值权指的是公司向激励对象颁发一定数量的股票，然后以公司每股净资产的增量和股票数量计算激励对象的收益，激励对象无须支付任何费用就能获取现金收益。

目前，国内各大企业都非常重视股权激励，不仅从理论层面对股权激励进行了探讨，还有很多企业将股权激励落到了实处，推出了股权激励计划，甚至有的企业将该计划视为激活企业、焕发企业活力的“秘密武器”。当然，要想将股权激励的作用充分发挥出来，企业必须对股权激励进行全面而深入的了解，根据自己的实际情况制定切实可行的策略。另外，企业必须明确一点，公司管理者或员工通过股权激励获取的股权与公司原有股东的利益不能完全一致，而且授予员工的股权过少会在很大程度上影响激励效果。未来，随着市场不断成熟、完善，股权激励将发挥出越来越重要的作用。

8.2.4 定数量：核算激励数量

激励数量是企业要重点考虑的问题，不同企业向员工提供的激励数量是不同的。部分企业的发展有赖于优秀人才和团队的支撑，为了提高员工对企业的忠诚度，保证企业发展的持续性，企业会适当地提高团队持股比例，并采取相应措施来平衡企业大股东的权益。另外，有的企业会综合考虑公司的业绩目标、企业的具体发展情况、竞争对手的激励政策、对象人数及实施规模、利润收益率等来决定激励数量。

股权激励的数量有总分之别，分量之和就是总量。非上市公司的股权激励数量不受总分顺序限制，可以分量在前，总量在后，并设置如不超过1/4股权比例的总量限制，以此实现对分量的调整和规范。分量就是预先授予员工督促其完成任务指标的股权数量，可以根据激励对象心理的预期收益倒推股权激励分配量。

具体步骤是先预估公司要实现的整体战略目标，然后明确激励对象完成业绩指标的心理预期收益，再根据股权的形式、出资方式和回报方式等对分量进行调整，对公司目标和员工收益进行精准预算。

◆公司估值

需要用科学的方法评估成功实现战略目标的公司的市值。

最基本的方法是净现金流折现法。对于正常盈利的公司而言，还可以用市盈率法，即用公司年净利润乘以合理的市盈率得到公司的合理市值。可以参照行业的平均盈利能力确定合理的市盈率，并根据公司的行业排名和技术创新做局部调整。公司的年净利润需要根据公司的经营收益预估。

对于盈利不稳定的零售公司，可以考虑用市销率法，即公司年销售额乘以合理的市销率，得到公司的合理市值。可以参照行业的平均销售业绩，确定合理的市销率，公司的年销售额需要根据公司的总体销售情况预估。净资产变现容易的公司可以用市现率法，即用净资产乘以合理的市现率，得到公司的合理市值。可以参照行业的平均现金兑换情况，确定合理的市现率，公司的净资产需要根据公司的具体经营情况确定。

可以用市值倒推法评估有上市可能或新三板挂牌可能的中小企业的市值，即用企业挂牌上市后的市值除以预期的股票增值系数。对于上市挂牌可能性比较小的公司，可以采用重置成本法，即用公司团队重建、业务再造需要投入的资金和时间成本预估公司市值。

◆激励对象心理预期收益

激励对象的心理预期收益与薪资水平、过往贡献以及担负的业绩指标、股权激励时限和自身的技术含量等因素成正比。例如员工薪资高，过往贡献大，担负着主要的业绩指标，股权激励时限较长且自身技术含量很高，这类员工内心期待的收益相对较高，应该给予更多的股权激励份额。

举例来说，一家市值约10亿元的公司，计划3年内实现战略目标，现在需要运用股权激励公司的高级技术人员，该技术人员负责3年内完成对一项估值约为5000万元的新技术的开发，其技术贡献占比1/2，因此，该员工心理的预期收益可能为2500万元。公司可以通过免费赠送实股的方式，按照收益倒推的方法计算员工可能获得的股权占比为2.5%，考虑到公司上市的可能，双方可以协商后将股权激励比率调整为2%。

8.2.5　定价格：确定行权价格

股权激励的激励效果很大程度上来源于行权价格和股票市场价格之间的差价，如果行权价格较高，激励对象能够获得的收益较小，激励效果就比较有限，违背了股权激励的初衷；价格较低，激励对象很容易获得较高收益，难以充分激发其活力与创造力，还会增加股权激励成本。因此，对于企业来说，确定合理的行权价格非常关键。

大部分企业会根据注册资本和每股账面净资产确定行权价格，这种方式也容易获得内部人员的认可。少数企业会根据每股评估值和PE投资价格设定行权价格。

《上市公司股权激励管理办法》出台初期，确定股权期权和限制性股票行权价格时会将股权激励计划草案摘要公布日作为时间基准，同时，上市公司可以根据实际情况（比如因为公司合并、分立、回购、发行新股、转增股本等因素导致总股本发生改变）对行权价格进行优化调整。

联合证券研究表明，A股中的很多上市公司存在利用公布股权激励方案来使激励对象快速获得大量收益的情况。例如一家A股上市公司公布股权激励方案前股价莫名下跌，达到谷底后，该公司停牌并“适时”公布股权激励方案，股价应声而涨，股价呈“V”形走势。而按照“以股权激励计划草案摘要公布日作为时间基准制定行权价格”的规定，公司行权价格较低，激励对象通过抛售手中持有股票可获得大量收益。

意识到这种规定带来的负面影响后，我国相关部门及时出台了《中国证监会股权激励有关事项备忘录》文件，对二级市场买入流通股及股东转让股权的行为进行了限制，规定重大事项发布和股权激励方案发布后要有一段不少于30日的间隔期，从而在一定程度上限制高管借助股权激励方案大肆牟利的情况发生。

8.2.6　定时间：明确激励时间

一般情况下，实施股权激励的企业已经经历了长时间的运营，在这个过程中表现突出的员工会成为企业实施股权激励的对象。对于这部分员工，企业在制订方案时就会提供激励。将来激励指的是企业向员工提供期权、期股。在具体实施过程中，企业要考虑自身的具体情况，发挥实际的激励作用，避免让员工感觉企业只是给了他们一句空话，却迟迟得不到已经承诺的股票，因此，企业在时间方面要考虑得周全一些。

在时间规划方面，企业应该注意股权激励计划的激励时机和三个期段，即股权激励的有效期和考核期，还有股权的禁售期。

股权激励政策推出时机的选择对企业经营效果影响显著。例如在公司股权融资之前发布股权激励政策，不仅可以优化公司的股权结构，加强公司治理，提升员工业绩，还可以提高公司融资时的估值；如果遇到公司并购重组，股权激励可以迅速凝聚不同的团队；公司转型或发展困难时推行股权激励，则可以振奋士气，使大家团结一致、共谋出路。

目标确定之后，就需要计算目标实现的期段，规划目标实现的步骤，明确划分股权激励的有效期、考核期和股权的禁售期，如表8-6所示。

表 8-6 股权激励的三个期段

期段	具体内容
有效期	股权激励的有效期一般为3~5年，与公司的战略目标完成时间相同即可。有效期太长会使员工望而却步，太短又太容易实现，无法对员工产生激励作用，所以股权激励的有效期长短要适宜
考核期	作为业绩考核的计算周期，一般设1年比较合适。在发放当期的股权激励时，应该以员工考核期内业绩指标的完成情况为依据
禁售期	员工取得股权激励权益之后，要经过一段时间才可以买卖权益，比如用权益偿债、担保或者直接转让权益，这段时间就是禁售期。禁售期与有效期的时长呈正相关关系，可以保证期限内员工与公司的利益相一致

8.2.7 定来源：明确股票来源

定来源指的是确定股票来源与购买股票的资金来源。股票来源设计会对公司原有股东的权益、原始股东对公司的控制权、公司现金流压力等造成直接影响，同时，购买股票的资金来源设计也会对经理人能否顺利行权产生直接影响。因此，股票来源与购买股票的资金来源设计是否合理，会对股权激励计划的执行效果产生直接影响。

实施股权激励的公司最常用的股票来源有三种，如表8-7所示。

表 8-7 股权激励的三种股票来源

主要来源	具体方式
定向增发	即企业针对激励对象增发股票，目前很多企业都采用这种方式来扩充资本
股东转让	即老股东将自己手中的部分股票拿出来，用于股权激励
股票回购	企业上市后进行股票回购，将这部分股票用于实施股权激励

目前企业应用较多的是前两种方式。通常来说，上市公司更倾向于向激励对象增发新股，与从二级市场回购股票相比，其优势包括以下几点：

- 不会涉及现金外流，而且激励对象获取股权时还能得到现金。
- 成本低，操作方便。
- 使激励对象和全体股东利益相统一，对上市公司的长期发展具有积极影响。

不过，向激励对象增发新股也要面临股权被稀释的风险。证监会发布的《股权激励有关事项备忘录2号》进一步明确了股票来源："股东不得直接向激励对象赠与（或转让）股份。股东拟提供股份的，应当先将股份赠与（或转让）上市公司，并视为上市公司以零价格（或特定价格）向这部分股东定向回购股份。然后，按照经证监会备案无异议的股权激励计划，由上市公司将股份授予激励对象。上市公司对回购股份的授予应符合《公司法》第一百四十三条规定，即必须在一年内将回购股份授予激励对象。"

《国有控股上市公司（境内）实施股权激励试行办法》进一步明确："不得由单一国有股股东支付或擅自无偿量化国有股权。"《股权激励有关事项备忘录1号》规定："如果标的股票的来源是增量，即定向增发方式取得股票，则提取的激励基金不得用于资助激励对象购买限制性股票或者行使股票期权。"

之所以我国法律禁止上市公司以提取激励基金的形式为激励对象提供股票，主要是为了避免上市公司高管借此牟取私利，因为这种方式显著降低了激励对象获取股票的门槛，对延长激励效果十分不利。

8.2.8　定条件：明确行权条件

"定条件"即明确取得股权与行权的条件。企业在实施股权激励时一定要确定激励条件，也就是当公司未来发展达到某种程度后，激励对象就可以行使自己的激励权利。

为了达到股权激励的目的，企业要在设计股权激励方案时添加一些约束条件。

从本质上看，股权激励的约束条件就是获得激励标的的对价。具体来看，约束条件可以分为两种类型：一类是授予条件，另一类是行权条件，如表8–8所示。

表 8–8　股权激励的两类约束条件

约束条件	具体内容
授予条件	对于上市公司，《公司法》等法律法规对其实施股权激励的授予条件做出了明确规定；对于非上市公司，法律法规没有做出明确规定，公司可以自主设计。一般来讲，为了保证股权激励方案的公平性，防止激励对象之间发生矛盾，公司可以将学历、工龄、岗位等作为授予条件
行权条件	在股权激励方案中，行权条件设计是最重要的内容。行权条件指的是受益人行使股权索取权的特定契约条件，通常以绩效考核的方式进行。绩效考核有两部分：一部分是对激励对象进行绩效考核，如公司主营业务增长率、净资产增长率、净利润增长率等；另一部分是对公司的经营业绩进行考核，如个人业绩等

对企业来说，设置行权条件十分有必要，因为企业向激励对象提供股权后，可能出现持股人未完成约定目标，或者违反事先约定的情况。针对这些问题，企业要实施滚动式管理，例如要求持股人在约定时间内达到某种经营目标，如果目标未实现，企业就要调整员工的股权，督促内部人员更加努力地工作。另外，如果持股人的工作状态发生变化，例如离职、辞退等，企业也要对其股权拥有及使用情况进行限制。

8.2.9　定机制：设置激励规则

股权激励计划作为一项时间跨度较大的中长期计划，在落实过程中必须配备科学合理的管理规则。为了保证股权激励政策的公平性，公司应该提前制定激励规则并向全体参与者公开。

◆业绩考核规则

确定参与股权激励方案的每位员工的业绩指标，针对当期未完成指标的员工，适当地减少或取消相应的股权激励权益，并根据公司的运营情况，制定切实可行的业绩考核标准。股权激励授予量规则如表8–9所示。

表 8-9 股权激励授予量规则

类别	考核结果	当期授予系数
业绩指标	完成90%以上	1
	完成80%~90%	0.8
	完成60%~80%	0.7
	完成度小于60%	0
其他一票否决指标	发生违法行为	0
	违纪超过公司的规定次数	0

由于非上市公司没有设置薪酬考核委员会，可以建立股权激励的专门考核机构，例如由大股东和执行董事、总经理、监事和专家等组成的股权激励考核委员会，负责指导公司的财务部、人力资源部实施具体的业绩考核策略，并及时收集反馈有关数据信息，上报考核委员会后由公司根据考核结果调整参与对象的股权授予份额。

◆退出规则

考虑到股权激励计划的实施周期较长，一般在3~5年，如果公司和参与员工发生变动，可能会导致股权激励方案无法按原计划实施，需要分析参与者退出方案的具体原因。具体可以按照责任归属分为两类，如表8-10所示。

表 8-10 以责任归属为参照的股权退出的两种类型

类型	具体内容
责任型退出	参与对象因为自身原因造成的退出，如离职参与违法活动受到法律制裁等。由于这类退出行为对公司造成了实际损失，需要由参与对象承担赔付责任，允许公司收回已经授予的股权激励份额，对于未授予的股权原价回购或当场废止
非责任型退出	参与对象的退出行为并非由自身主观原因造成，如公司主动裁员或要求内退，岗位的变动调整，因病丧失劳动能力或突发意外身亡等。此类退出虽然也给公司造成了损失，但由于参与对象没有主观恶意，所以无须承担责任。公司已授予的股权继续有效，未授予的股权即时作废

◆数量与价格调整规则

中小企业经营权的转移或利润分配，会影响原定激励股权的份额和价格，需要及时调整激励规则，保持股权数量占比前后不变。调整依据为股权现价减去每股现金分红。

8.3 我国股票期权激励存在的问题与对策

8.3.1 我国股票期权激励的发展

股票期权是指企业高级管理人员和技术骨干被赋予在一定时间内按照双方约定的价格购买公司普通股的权利。高级管理人员或技术骨干购买股票前不会得到现金收益，购买后将会获得约定价格和市场价格之间的差价所带来的收益，通常可以自主选择在何时抛售股票。从本质上看，股票期权制度使高级管理人员或技术骨干获得剩余索取权的同时，也会承担一定的风险。

事实上，在欧美等发达国家，上市公司早已习惯用股票期权对高管人员进行激励，激发其工作的积极性，增强其对公司的忠诚度。在一定时期内，在一定范围内，这种激励方法确实能为公司创造更多价值。

改革开放至今，我国经济发展取得了累累硕果，但粗放式发展也暴露出了一系列问题，例如产权不明确极大地限制了中国企业的长期稳定发展。尤其是企业管理者薪酬结构不完善，未能形成长期激励，导致部分人为了追求私利做出违法犯罪行为，损害国家及股东的利益。

国内上市公司中最早尝试实施股票期权激励计划的企业是万科，万科于1993年开始尝试引入股票期权激励机制，但因为法律法规等因素的限制，最终该制度未能落地。此后，虽然有很多国内企业进行了探索实践，形成了武汉模式、虚拟股票模式等，但在诸多限制因素的影响下，这些探索均以失败告终。

1999年，我国公布《关于国有企业改革和发展若干重大决定》文件后，股票期权激励机制在我国具备了制度性保障。2004年，国资委在其监管的中央企业中开始尝试实施经营者年薪制。

2005年，证监会发布《上市公司股权激励管理办法（试行）》（以下简称《办法》），之后，很多上市公司都推出了具体的股权激励方案，例如苏泊尔、广州国光、中捷股份等，并有很多公司表示将推出股权激励计划。总体来看，《办法》的发布在商业领域掀起了一场股权激励之风。

2006年，我国公布《上市公司股权激励管理办法》及《国有控股上市公司（境内）实施股权激励试行办法》，极大地推动了股票期权激励机制在国内企业推广普及。

2007年，很多非流通股开始进入流通状态，股权分置改革后期的问题层出不穷，股市低迷，股权激励对象无法获得预期收益，引发了企业界对股票期权激励机制作用的质疑。2013年，证监会发布《证券公司股权激励约束机制管理规定（征求意见稿）》，意欲对证券公司股权激励进行引导规范，并建立健全股权激励与约束机制。2016年，中国证监会发布《上市公司股权激励管理办法》。这一系列文件的出台，充分体现了我国政府对中国企业推行股票期权激励机制的高度重视，也为中国企业实施股票期权激励机制奠定了坚实的基础。

8.3.2　实施股票期权激励存在的问题

实施股票期权激励机制的企业，经营者可以将收益不以红利的形式进行分配，而是将其用来投资具有较高风险的新项目，或者回购高级管理人员和技术骨干的股票。一方面，它能避免企业增发新股导致股票价格下滑，推动股票价格持续稳定增长，确保股票期权收益；另一方面，它可以避免部分高级管理人员或技术骨干为了获取最大化的收益对财务数据造假，推动股价上涨，并借机抛售股票获利，损害企业长期利益。现阶段，我国企业实施股票期权面临着很多问题，具体表现在四个方面，如图8-4所示。

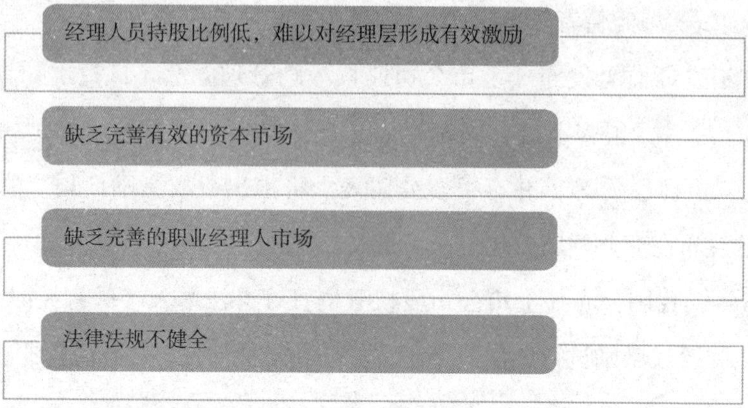

图 8-4　我国企业实施股票期权面临的四大问题

◆经理人员持股比例低，难以对经理层形成有效激励

市场研究数据显示，中国上市公司高级管理人员或技术骨干等高级人才平均持股19620股，在公司总股本中占比仅为0.014%，和10.6%的国际平均水平存在极大差距。过低的持股比例，导致股票期权激励机制难以对优秀人才形成有效激励，给其价值创造带来诸多负面影响。

◆缺乏完善有效的资本市场

现阶段，我国资本市场发展不成熟，股价并不能反映企业的价值创造能力，企业操纵股价的案例层出不穷，主要表现为国内企业实施股票期权激励机制后，经营者为了实现利益最大化，以各种手段推高股价，不仅无法产生激励效果，还会损害企业的长期利益。

◆缺乏完善的职业经理人市场

我国尚未建立完善的职业经理人市场，很多国有上市企业经理人往往是由政府直接或间接指派，具有极大的话语权，难以对其行为进行有效监督。

◆法律法规不健全

法律法规不健全主要体现在两个方面：一方面，股票期权激励机制和部分法律存在冲突；另一方面，相关法律法规尚未出台。在和部分法律存在冲突方面，和《公司法》冲突问题尤为严重。在股票期权激励机制应用较为成熟的美国，企业实施股票期权激励机制时，股票来源主要包括企业增发新股、发行股票时库存股票及二级市场回购股票。但我国现行《公司法》的部分条款限制了中国企业通过这三种渠道获取期权股票，想要解决这一问题，必须对《公司法》的部分条款进行修改。

在相关法律法规方面，税务及会计处理方面的法律法规缺失问题尤为严重。

（1）税务处理法律法规缺失问题。欧美发达国家出台了专门面向股票期权的税收法规，能够有效引导上市公司实施股票期权激励机制，但我国在这方面的法律法规还处在空白状态。

（2）会计处理法律法规缺失问题。主要体现为我国尚未建立股票期权会计反映时机和会计确认制度。

8.3.3　健全股票市场交易制度

股票期权制度将员工薪酬与公司的股票价格进行绑定，因为公司的股票价格深受其经营业绩的影响，所以也就间接地在员工的个人薪酬与公司的经营业绩间建立了联系。这种激励制度曾发挥出极好的效果，但这项制度的成功应用需要一个前提条件，即股票价格要真正反映公司的经营业绩，而这需要一个健康、理性的股票市场。所以，加强股票交易市场的制度建设非常必要，因为一个健康、理性的股票交易市场可以保证交易公平、公正、公开，推动金融市场有序发展，使中小股东的利益得到有效保护，同时还能使股票期权的激励作用真正发挥出来。

加强股票交易市场的制度建设不仅要加强立法、严格执法，还要不断完善交易制度，尤其是“看跌期权”交易制度。通过“看跌期权”交易制度，有经验的投资者可以将价格虚高的股票抛售一空，获取投资收益，同时让虚高的股价回归正常。只有这样，股票的市场价格才能真正反映公司的运营情况，股票市场的资源配置作用才能得到有效发挥，股票期权才能真正落地。

公司执行股权激励计划发放给激励对象的股票期权是看涨期权，其收益取决于股票的未来价格，也就是公司未来的发展。为了获取更多收益，高管人员会采取各种措施提升股票的未来价格，这些措施有些对公司发展有利，例如通过提升产品质量、控制管理成本等方式增加公司的净利润，从而提升公司的股票价格；有些对公司的发展不利，例如制造虚假的财务报告、操纵股价使其虚高等。

通过前一种方式，公司真正实现了价值增长。在这种情况下，公司股票价格上涨建立在公司真实价值的基础上，不出意外，公司的股票价格不会下跌。而通过后面一种方式，公司股票价格虚高，没有真实的价值作为支撑，股票价格很容易回落。

“看跌期权”交易制度可以防止公司高管利用第二种方式提升公司股价，虚高股价不会获得投资者的青睐，通过卖空股票获取收益的同时还能防范股价不正常上涨。在这种情况下，公司高管只能采用第一种方式提升股价。

更重要的是，利用“看跌期权”交易制度保证股票市场正常运行体现了用市场化手段解决问题的思路。在整个过程中，投资者发现并卖空价格虚高的股票可以获取一定的收益，同时其收集信息、分析信息的能力也能得到相应的提高。所以，在抑制股价虚高方面，相较于行政监督、法律制裁来说，建立健全市场交易制度，发挥市场的调节作用效果更好、成本更低。

一个健康、理性的股票市场的培育和构建不仅需要相关的交易制度、法律法规的完善，还需要投资者不断提高自己的素质，更新自己的投资理念，保持清醒的头脑和正确的认知，理性投资，而不是跟风炒作，获取不正当的投机收益。

在市场培育的过程中，制度政策为市场的良性运行提供了良好的保障，但对市场运行效果起决定作用的还是投资者的投资行为和决策。所以，提升股票投资者的素质，让其养成理性投资意识非常重要。只有投资者越来越成熟，一个健康、理性的市场才有可能形成，股票期权激励作用的发挥必须建立在这样的市场上。

8.3.4　完善企业内部治理结构

虽然股权激励的效果非常好，但不是所有的公司都适合使用股权激励。

成长型公司因为资金紧张，无法通过高薪酬吸引高层次人才，可以用股票期权抵扣一部分薪酬，在缓解公司资金压力的同时吸引到公司需要的人才，并对人才产生一定的激励作用。激励对象通过自己的努力提升公司价值，待股票价格上涨后执行股票期权获得丰厚的回报。在整个过程中，公司与激励对象可以各取所需，实现共赢。

正常情况下，成熟型公司的股票价格不会大幅上涨，在这种情况下，如果公司过度使用股权激励，不仅不会产生太好的激励效果，反而会使管理人员萌生不好的想法，例如操纵股票，使股票价格虚高，从中牟利。在这种情况下，股票期权的功能就不是解决两权分离，而是为造假、欺诈提供内在驱动力。

综上可知，成长型公司比较适合使用股权激励。2003年7月，微软公司、花旗集团先后宣布终止股权激励计划，再次证明不是所有的公司都适合使用股权激励，成熟型公司更应该慎重使用。

如果成长型公司要实行股权激励，必须在实施股权激励的同时建立健全公司的法人治理结构，加强对激励对象，尤其是高管人才的监督，改进公司现有运行体系中的内控失效制度。只有将高管人员操控股票价格的路径彻底斩断，他们才会真正释放自己的能力，通过勤恳工作提升公司价值，推动公司股票价格不断上涨，从而获取正当的个人收益。如若不然，公司在治理结构存在问题的情况下实施股权激励，获得股票期权的高管人员极有可能利用职务之便牟取私利，事后还很难受到惩罚。

在这种情况下，很少有人愿意努力工作，股权激励很难发挥出应有的效果。对于激励对象来说，这只是公司给他们提供的一项免费福利，随着公司股价不断增长，这项福利可以变现，成为一笔个人财富。即便公司发展情况不好，股价没有明显增长，这项福利无法变现，他们也不用承担任何损失，因为这些股票期权都是公司赠送的。

如果公司的治理结构不完善，且缺乏有效监督，还有可能出现更严重的情况，即被激励的高管人员为了牟取私利，利用自己的职权，通过造假、欺诈等方式让公司呈现出虚假繁荣的景象，推动股价上涨，从中获取丰厚的收益。在这种情况下，股票期权就会彻底沦为高管人员获利的工具，发挥不了任何激励作用。

需要注意的是，国有上市公司在实施股权激励之前必须先理顺产权关系，建立健全法人治理结构，加强监管，尤其是对下属公司的监管，做好出资人该做的事，然后由董事会制订切实可行的股权激励方案，提交给证监会与股东大会审核执行。如果国有上市公司内部没有形成有效的监督约束机制，管理人员很有可能以自身利益为出发点设计股权激励方案，借股权激励之名侵吞国有资产，造成严重后果。

8.3.5 完善现行的股票期权制度

根据国内外现有的股票期权制度，股票期权的交割价格（行权价格）指的是股票期权授予当天标的股票的市场价格，对于股票期权收益来说，这个价格是非常重要的变量。所以，高管人员为了牟取私利，极有可能设法压低授予日当天的股票价格，以便将来能获得较高的收益。在这方面，股票期权不仅没有解决委托代理问题，反而使问题更加严重、复杂。

根据国外研究，在期权授予日到来前，公司的高管人员可以通过发布对公司不利的言论，或通过调节可操控性应计项目使授予日当天的股票价格下降。除此之外，还有高管人员会采用“日期倒填”等违法手段确定行权价格，使个人利益最大化。上述行为都属于不同程度的机会主义行为。

这种行为产生的根源在于人们的短视性，这也就决定了这种行为是一种短期行为。解决这一问题的方法非常简单，只要在一个更长的时间范围内确定行权价格即可。所以，很多企业改变了现有的确定行权价格的方式，以期权授予日之前12个月内的平均股价作为行权价格，以在最大程度上消除机会主义行为对行权价格的影响。

股票期权行权过程中也会出现类似的机会主义行为，在执行股票期权之前，一些高管人员会通过发布公司的利好信息或调节可操控性应计项目提升股票价格，从而获取更多股票期权收益。更有甚者，为了提升股票的市场价格还会提供虚假的财务报告。针对这些情况，为了消除机会主义行为对行权过程的影响，最好采取一些制度性措施，例如降低每次行权的期权数量上限，降低一定时间内行权的期权总量上限，延长行权时间。

作为一种激励手段，股票期权可以使公司所有者和经营者之间的利益在一定程度上得到协调，但一旦经营者将股票期权执行完，所有者和经营者之间的矛盾就可能会爆发。为了避免这种情况发生，公司不要将股票期权一次性授予激励对象，可以分批、分期授予，而且要对行权期限做出合理规定，保证管理人员在职期间一直持有一定数量的股票期权，使股票期权的激励效果真正发挥出来。

相反，如果公司没有对股票期权的行权时间、行权数量做出严格规定，管理人员很有可能利用自己掌握的信息在公司股价最高时行权，获取更多利益，然后在危机到来之前离职，弃公司于不顾，使公司股东利益严重受损。为防止这种情况发生，公司要从制度层面着手完善股权激励制度，彻底消除这种情况发生的可能性。